Annemarie Goldschmidt

Alles klar mit Kinesiologie

Hellwach und voller Energie durch den Alltag

VAK Verlags GmbH
Kirchzarten bei Freiburg

Titel der dänischen Originalausgabe:
Fri for stress og fuld af energi.
Pædagogisk kinesiologi anvendt forebyggende
© Annemarie Goldschmidt und Høst & Søns Forlag,
København, 1992
ISBN 87-14-29147-9

Bibliografische Information Der Deutschen Bibliothek
Die Deutsche Bibliothek verzeichnet diese Publikation
in der Deutschen Nationalbibliografie;
detaillierte bibliografische Daten sind im Internet über
http://dnb.ddb.de abrufbar.

VAK Verlags GmbH
Eschbachstraße 5
79199 Kirchzarten
DEUTSCHLAND
www.vakverlag.de

5. Auflage: 2004
© VAK Verlags GmbH, Kirchzarten 1997
Zeichnungen: Beatrice Henriques
Übersetzung: Manfred Werner
Lektorat: Norbert Gehlen
Umschlag: Hugo Waschkowski
Druck: Clausen & Bosse, Leck
Printed in Germany
ISBN 3-932098-06-4

Inhalt

Vorbemerkungen des Verlags

Dieses Buch informiert über Selbsthilfeübungen, die Streß abbauen, das Lernen erleichtern und Krankheiten vorbeugen. Wer sie anwendet, tut dies in eigener Verantwortung. Die Autorin und der Verlag beabsichtigen nicht, Diagnosen zu stellen oder Therapieempfehlungen zu geben. Die hier beschriebenen Übungen sind nicht als Ersatz für professionelle medizinische Behandlung bei gesundheitlichen Problemen zu verstehen.

Die qualifizierte Anwendung des in diesem Buch erwähnten kinesiologischen Muskeltests ist nur nach intensiver persönlicher Schulung (in Kursen oder durch professionelle Kinesiologen) möglich.

Erläuternde Anmerkungen des Verlags zu dieser Übersetzung aus dem Dänischen sind in eckige Klammern [...] gesetzt.-

Widmung

Für alle, die mir geholfen haben
zu sein

Vorwort

Dieses Buch wendet sich an alle Menschen, die sich wohl fühlen und im Alltag hellwach und voller Energie sein wollen. Es ist insbesondere für alle von Interesse, die als Eltern oder Lehrer mit Kindern umgehen oder sonst pädagogisch oder therapeutisch tätig sind und Wert darauf legen, daß die anderen (ebenso wie sie selbst) sich wohl fühlen, hellwach und voller Energie sind.

Angesprochen sind Menschen – Kinder wie Erwachsene –, die bereits Ruhe und Ausgeglichenheit in sich tragen und diese beibehalten und weiterentwickeln wollen. Angesprochen sind aber besonders auch Menschen, die nach Möglichkeiten suchen, Ruhe und Ausgeglichenheit zu gewinnen oder sie wiederzufinden. Ich spreche hier von der Ruhe und Ausgeglichenheit, die es möglich macht, daß wir in uns gehen oder weitergehen können auf dem Weg zu optimalem Arbeiten unseres Organismus, zu einem Wohlbefinden, in dem wir unser *gesamtes* Gehirn als *ein* Gehirn benutzen.

Geht das Denken Hand in Hand mit dem Handeln, Analyse mit Synthese, Kreativität und Intuition mit Logik, arbeiten Geist und Seele mit dem Körper zusammen, arbeitet das Bewußtsein mit dem Unterbewußtsein und dem Körperbewußtsein zusammen, dann sind wir auf dem Weg zu unserem Ziel: dem *ganzen*, dem heilen, dem gesunden Menschen. [Zum Zusammenhang von *ganz, gesund, heil* und *wohl* vgl. griech. *hólos*, engl. *whole, healthy, healed, well.*]

Das Buch soll dafür Tore öffnen und hat die Absicht, den Energiebegriff mit in das Bild von Ganzheit und Gesundheit einzubeziehen, denn er gehört dazu: die Energie, von der wir nicht nur wissen, daß die Lebensphilosophie der Chinesen auf ihr beruhte (somit auch ihr Gesundheits- und Ausbildungswesen über mehr als 4000 Jahre), sondern die wir auch selbst jeden Tag in unserem Körper spüren.

Befinden wir uns innerlich im Gleichgewicht, also in guter physischer und psychischer Balance, so fühlen wir, daß wir von ruhiger

Energie erfüllt sind, die uns durchströmt. Sind wir dagegen nervös, unsicher, ängstlich, furchtsam, oder erleben wir physische oder psychische Schmerzen, dann blockieren wir das freie Strömen der Energie durch den Körper. Der Energiestrom wird an bestimmten Stellen gestaut, mit dem Ergebnis, daß er an anderen Stellen des Körpers schwächer wird. Sie kennen das aus Ihrem Alltag: Ihnen tut es irgendwo weh, zum Beispiel im Kopf, und Sie können „kaum an etwas anderes denken", es „zehrt an der Energie", Sie haben „absolut keine Energie zu dem, was getan werden müßte".

Man kann diese „Blockierung" des freien Energiestroms vergleichen mit einem Damm, den ein Biber quer über einen Wasserlauf gebaut hat. Das freie Fließen des Wassers wird gebremst, und somit gibt es einen Überschuß oberhalb des Dammes und einen Mangel unterhalb. Die Lebensgrundlage des Flusses wird verändert, und erst wenn der Damm (die Blockade) entfernt ist, wird das Wasser (beim Menschen die Energie) wieder frei strömen können. Neues Leben wird da entstehen, wo das Wasser, die Energie, hinströmt. Man kann den Energiestrom auch mit einem Wasserlauf vergleichen, in den Schleusen eingebaut wurden. Funktionieren die Schleusentore, so kann das Schiff hindurchfahren, funktionieren sie nicht, so wird der Verkehr behindert.

*

Die *Kinesiologie*, von der in diesem Buch ein Teil beschrieben wird, macht sich sowohl westliche philosophische Ideen und wissenschaftliche Erkenntnisse als auch östliche Philosophie und östliches Wissen zunutze. Im nächsten Kapitel wird genauer dargestellt, was Kinesiologie ist. Die in diesem Rahmen von mir entwickelte spezielle Methodik der „Pädagogischen Kinesiologie" kann von jedermann angewendet werden, und sie kann allen dabei helfen, die Energieströme frei den Körper durchfließen zu lassen, wenn er bereits gut „funktioniert" und es ihm gut geht; sie kann auch benutzt werden, wenn bereits verschiedene Formen von Schwierigkeiten entstanden sind. Sie ist daher für *alle* Menschen geeignet, für Kinder genauso wie für Erwachsene. Darüber hinaus ist sie speziell zugeschnitten für Schüler im dänischen Schulsystem, innerhalb dessen ich eine lange Reihe von Jahren als

Bewegungspädagogin gearbeitet habe, angestellt bei einer pädagogisch-psychologischen Beratungsstelle. Zusammen mit Bent Jørgensen, der Sprach- und Gehörpädagoge und Schulpsychologe ist, habe ich diese Methodik ausgearbeitet. Wir haben viele Kinder und Erwachsene getestet und „ausbalanciert" [das heißt: ihren Energiefluß ausgeglichen] und viele Kurse insbesondere für Pädagogen, Psychologen und andere durchgeführt, die im Unterrichts- und Gesundheitsbereich tätig sind. Heute können wir mit Freude sehen, daß viele Menschen aus allen Altersgruppen durch unsere Übungen Hilfe bei der Überwindung von Schwierigkeiten erhalten haben; eine Hilfe, die in ihnen die Bereitschaft weckte, *mehr* und Neues zu lernen; eine Hilfe, die ihnen ermöglichte, selbst Verantwortung zu übernehmen und deshalb „Gewinner" zu werden.

Die Pädagogische Kinesiologie ist jedoch nicht allein dazu geeignet, Menschen zu aktivieren, so daß sie bereits entstandene Schwierigkeiten überwinden, und deshalb soll dieses Buch an ganz anderer Stelle greifen. Will ich nämlich der Absicht treu bleiben, den *ganzen* Menschen im Blick zu behalten, so muß ich mich auch damit beschäftigen, inwieweit die Kinesiologie so angewendet werden kann, daß sie gutes Funktionieren aufrechterhält, Wohlbefinden unterstützt, also das unterstützt und weiterentwickelt, was bereits *besteht*. In der Fachsprache wird das als *Prophylaxe* bezeichnet, als grundlegende Gesundheitsvorsorge oder Vorbeugung.

Es ist eigentlich unlogisch, wenn unsere Gesellschaft – besonders in schlechten Zeiten – ihre Aufmerksamkeit vor allem auf die Behandlung bereits entstandener *Fehl*funktionen oder Krankheiten richtet. Das bedeutet auf anderen Gebieten: Nachhilfeunterricht, Stützkurse oder Sonderschule, wenn der Schüler dem Unterricht nicht folgen kann; oder soziale Hilfsprogramme, wenn ein Mensch alleine nicht mehr zurechtkommt. Dieses Muster kann, muß und darf gebrochen werden!

*

Es ist mein Wunsch, daß mein Buch mit seinem Inhalt und seiner Haltung von Ihnen als Anleitung dafür benutzt wird sicherzustellen, daß die Energien frei fließen, in *Ihrem* Körper, in dem Ihrer Kinder oder in dem anderer Menschen. Und als Hilfe dazu, daß Ihnen *bewußt* wird, daß sie frei fließen. Auf diese Weise werden wir in der Lage sein, eine bereits vorhandene gute Balance [energetische Ausgeglichenheit] und daraus folgend ein gutes Funktionieren des Organismus aufrecht-zuerhalten und weiterzuentwickeln. Wir werden auch verhindern können, daß Unausgeglichenheit in so hohem Maße entsteht, daß Hilfsprogramme angewendet werden müssen, wie es heutzutage so oft der Fall ist.

Sie können die Übungen dieses Buches für sich selbst anwenden und Sie können sie in der Zusammenarbeit mit anderen einsetzen, mit Kindern wie mit Erwachsenen. Sie können sie anreichern mit Ihrem persönlichen Stil, mit Ihrem Wissen und Ihrer Erfahrung. Während Sie sie benutzen, werden Sie sicherlich selbst weitere Anwendungs-bereiche entdecken.

Sie werden sehen, daß ich mit meinen praktischen Vorschlägen in weitestmöglichem Umfang von Ihrer konkreten Situation als Leser eines Buches ausgehe; ich werde Ihnen dann jeweils auch Hinweise dazu geben, wie Sie die Übungen zusammen mit Ihren Kindern oder Schülern machen können. Sie werden sehen, daß Sie sie in vielen ande-ren Zusammenhängen anwenden können, wenn Sie nur jedes Mal von Ihrer eigenen oder der augenblicklichen Situation Ihrer Mitmenschen ausgehen. Ist es Ihre eigene Situation, so stellen Sie sich folgende Fragen:

„Wo stehe ich?"

„Wo will ich gerne hin?"

„Wie komme ich dorthin?"

„Was muß ich dazu tun?" und eventuell:

„Wen kann ich um Hilfe bitten?"

Fügen Sie hinzu: „Ich *kann* mich verändern",

„Ich *will* mich verändern",

„Ich traue mich, mich zu verändern" und

„Ich freue mich darauf!",

so bleibt nur eines zu tun: Fangen Sie an!

(Sind Sie zu mehreren, so ersetzen Sie „ich" durch „wir".)

12

Ich bin mir sicher, daß die Übungen auch bei Ihnen wirken werden, weil ich seit Jahren in der Erziehungsberatung und Erwachsenenbildung damit arbeite.

Ich und viele Kollegen mit mir haben Menschen dank dieser Methodik wachsen sehen, haben gesehen, daß kleine Probleme verschwinden, bevor sie größere Hilfsmaßnahmen erfordern; ja, ich habe selbst *große* Probleme verschwinden sehen. Außerdem haben wir gesehen, daß Schüler und Kursteilnehmer die Übungen mit Erfolg selbständig angewandt haben, und deshalb glaube ich, daß das Buch *jetzt* geschrieben werden muß, so daß auch *Sie* die Gelegenheit haben anzufangen.

Keiner kann Schaden nehmen, alle können aus den Übungen und Gedankengängen Vorteile ziehen.
Viel Vergnügen!

Annemarie Goldschmidt
Juni 1992

Einführender Überblick

Bevor ich den Inhalt der einzelnen Kapitel detailliert entwickle, sollen Sie hier zunächst eine kurzgefaßte Übersicht darüber bekommen, was das gesamte Buch beinhaltet. Hier können Sie sich selbstverständlich das heraussuchen, was Sie am meisten interessiert, und Sie können nach Wunsch zwischen den Kapiteln springen. Auf diese Weise kann man zwar großen Nutzen aus dem Buch ziehen, doch wollen Sie *optimalen* Nutzen, so schlage ich vor, daß Sie die Kapitel in *der* Reihenfolge lesen, wie sie geschrieben sind.

Der Grund hierfür ist, daß ich den Ausgangspunkt in Ihrer Situation als Leser genommen habe: Sie haben gerade die eine oder andere Aktivität beendet und setzen sich nun hin, mit dem Buch in der Hand oder vor sich auf dem Tisch. Sie wollen das Buch lesen, und Sie wollen das, was Sie lesen, gerne verstehen. Die ersten Kapitel handeln von genau diesen drei Faktoren: Sie darauf vorzubereiten, die Tätigkeit zu *wechseln*, ohne Streß zu *lesen* und das, was Sie lesen, zu *verstehen*; außerdem beinhalten sie Übungen für Ihre Augen und Ihre Sinne. (Sollten Ihnen bereits klar sein, daß Sie mit diesen Dingen Probleme haben, dann wäre es sinnvoll, daß Sie schon jetzt mit den Übungen der ersten drei Kapitel arbeiten, das heißt, *bevor* Sie die nächsten Seiten lesen!) Meinen Sie, daß Sie *keine* Probleme oder Streß in Verbindung mit Lesen und Verstehen haben, dann lesen Sie hier einfach weiter.

Die Kapitel stehen also in einer chronologischen Reihenfolge und beinhalten eine Steigerung, sowohl was den Inhalt als auch was die „Tiefe" betrifft. Die Absicht ist jedoch die ganze Zeit die gleiche: Die Übungen, die im Laufe der Kapitel beschrieben werden, haben alle den Zweck, Streß zu verhindern (das heißt zu verhindern, daß negativer, emotionaler Streß entsteht) oder schon bestehende Streßreaktionen in Körper und Seele zu beseitigen.

Negativer emotionaler Streß belastet uns und hindert uns daran, uns als „ganze" Menschen zu entfalten, hindert uns daran, unser ganzes Potential zu nutzen. Verhindern wir, daß solcher Streß entsteht, oder beseitigen wir den, der bereits entstanden ist, so können wir klar sehen, klar denken, unsere beiden so unterschiedlichen Gehirnhälften als Ganzes benutzen und in immer höherem Grad nach einer bewußt getroffenen Wahl handeln.

Jedes einzelne Kapitel ist so aufgebaut, daß die Übungen zunächst für Sie als Leser beschrieben sind, und zwar so, daß Sie sie selbst ausführen können und ihre Wirkung kennenlernen. Danach folgt jeweils ein Abschnitt, der davon handelt, wie Sie die Übungen zusammen mit anderen machen können. In diesem Zusammenhang möchte ich betonen, daß alle Übungen sich sowohl für Kinder als auch für Erwachsene eignen. Am Ende jedes Kapitels wird Ihnen erklärt, *wie* die Übungen wirken und *warum*, und an einigen Stellen sind diese Betrachtungen begleitet von Beispielen aus meinem Alltag.

*

Und nun zu der kurzgefaßten Übersicht über das, was die einzelnen Kapitel enthalten!

Kapitel 1:

Hier erfahren Sie, wie Sie sich und anderen helfen können, den Streß loszuwerden, der entsteht, wenn wir im Laufe eines Tages häufig von einer Situation zur anderen wechseln.

Die Übung: Die Stirnpunkte und den Hinterkopf halten, begleitet von einer einfachen Visualisierung.

Sowohl in diesem wie auch in sämtlichen anderen Kapiteln bekommen Sie – wie schon vorher erwähnt – Anweisungen, wie Sie die Übungen sowohl alleine als auch mit anderen zusammen machen können.

Kapitel 2:

Dieses Kapitel handelt davon, wie Sie es sich leichter machen können, still zu sitzen und ein Buch zu lesen, zum Beispiel dieses Buch. Hier gibt es eine Übung für stilles Lesen, eine andere für die Augen;

beide Übungen berücksichtigen, daß man beim Lesen den Blick sowohl von oben nach unten als auch von einer Seite zur anderen führen muß. [Gemeint ist das „Abtasten", das Entlangfahren der einzelnen Zeilen vom linken zum rechten Rand einer Buchseite und zurück.]

Die Übungen: Massieren einiger Akupunkturpunkte und die „Liegende Acht".

Kapitel 3:

Jetzt geht es darum, unseren Streß in Verbindung mit Vorlesen oder Vortragen loszuwerden, oder – noch besser – zu verhindern, daß Streß entsteht.

Die Übung: Massieren von Akupunkturpunkten, kombiniert mit Augenbewegungen und Sprechfunktionen. In diesem Kapitel bekommen Sie außerdem eine Reihe zusätzlicher Erklärungen.

Kapitel 4:

Dieses Kapitel handelt davon, das zu *verstehen*, was Sie *lesen*.

Die Übung: Die sogenannte „Cook-Übung", die streßlösend wirkt und die Ausgeglichenheit des Energiestroms auf den Meridianen unterstützt.

Kapitel 5:

Hier finden Sie weitere Augenübungen, so daß Sie es bald schaffen, ohne Streßreaktionen in alle Richtungen zu schauen. Sie bekommen auch einen kurzen Überblick über Streß und Streßreaktionen.

Die Übung: Massieren bestimmter Akupunkturpunkte und der Reflexpunkte der Augen, während Sie nacheinander in verschiedene Richtungen schauen. Außerdem finden sich hier Entspannungsübungen für Ihre Augen.

Kapitel 6:

Dieses Kapitel beinhaltet noch mehr Unterstützung für Ihre Augen. Sie lernen, auf etwas Nahes zu schauen und auf etwas, das weiter von Ihnen entfernt ist, und Sie lernen, Ihren Blick mühelos von einer Seite zur anderen schweifen zu lassen.

Die Übung: Wie in den vorangegangenen Kapiteln werden Sie auch hier mit Akupunkturpunkten und Reflexpunkten arbeiten.

Kapitel 7:

Es handelt von Wachsein, von Konzentration und Bereitschaft.

Die Übung: Massieren von Akupunkturpunkten auf mehreren Meridianen mit Hinblick auf die Zentrierung und die Zusammenarbeit zwischen den verschiedenen Teilen des Gehirns.

Kapitel 8:

Hier erfahren Sie einiges darüber, wie Sie Ihre auditive Perzeption verbessern können, das heißt, wie Sie das, was Sie hören, besser verstehen.

Die Übung: Massieren der Ohren.

Kapitel 9:

Nun geht es darum, wie man das Lernen von Buchstaben und Zahlen und den späteren Umgang damit streßfrei gestalten kann.

Die Übung: Buchstaben und Zahlen in großer und kleiner Ausführung in die Luft, auf eine Tafel und auf Papier schreiben, sowohl bei offenen als auch bei geschlossenen Augen.

Kapitel 10:

Dieses Kapitel beinhaltet Anweisungen darüber, wie Sie sich und anderen dazu verhelfen können, Verspannungen an der Rückseite des Körpers, besonders an den Beinen, aufzulösen, um damit größere mentale und körperliche Flexibilität zu erlangen.

Die Übung: Zupfen und Zwicken der rückseitigen Muskulatur der Beine sowie Schulterkreisen.

Kapitel 11:

In diesem Kapitel lernen Sie etwas über das elektromagnetische Feld des Körpers und auch darüber, wie Sie es „ganz" machen können.

Die Übung: Die Stirnpunkte und die Nabelgegend halten.

Kapitel 12:

Hier sind wir bei der Überkreuzbewegung angelangt. Sie lernen etwas über „Kreuzgang" im Gegensatz zum „Paßgang" und auch darüber, warum einige Menschen wenig oder gar keinen Spaß an den Überkreuzbewegungen haben, während andere großen Nutzen aus derselben Übung ziehen.

Kapitel 13:

Inhalt dieses Kapitels sind – ähnlich wie im Kapitel 10 – Übungen, die Ihnen helfen können, eine bessere Zusammenarbeit zwischen den Muskeln der Vorder- und der Rückseite des Körpers zu erreichen, indem man sie entspannt.

Die Übungen: Massieren einiger sogenannter neurolymphatischer Reflexzonen. Außerdem: Einen Ball unter den Fußsohlen rollen.

Kapitel 14:

Hier geht es darum, alte „Programmierungen", nämlich Kindheitserlebnisse als immer wieder auftretende Auslöser emotionalen Stresses auszuschalten.

Die Übung: Stirn und Hinterkopf halten, verbunden mit einer vorgestellten Verhaltensänderung.

Kapitel 15:

Nun sind wir bei allgemeinen Betrachtungen über Themen wie Körperhaltung, Atmung, Bewegung, Ernährung und Gedanken angelangt. Ich gebe Ihnen ein paar Empfehlungen aus kinesiologischer Sicht.

Kapitel 16:

In diesem abschließenden Kapitel lernen Sie das phantastische „Verhaltensbarometer" kennen, das dem tieferen Verstehen Ihrer Emotionen dient. Sie erhalten eine gründliche Erklärung seines Aufbaus und Beispiele dafür, wie Sie es in Ihrem Alltag benutzen können.

*

Soweit die kurzgefaßte Übersicht über das, was Ihnen in diesem Buch präsentiert wird. Damit Sie Begriffe wie „Muskeltesten" und „Meridiane" besser verstehen können, möchte ich diese Einleitung mit einigen Ausführungen über die Prinzipien der Kinesiologie abrunden.

Was ist Kinesiologie?

Kinesiologie bedeutet in der Medizin zunächst Bewegungslehre und Untersuchung der Muskeln. Die „Angewandte Kinesiologie", wie sie hier gemeint ist, ist eine Methodik zum Sondieren und Ausgleichen (oder Korrigieren) des energetischen Zustandes des Organismus sowie zum Verfügbarmachen, Aktivieren seiner Funktionen. Sie macht sich ein sehr präzises und einfaches körpereigenes Rückmeldesystem zunutze. Dessen Entdeckung geht zurück auf Erfahrungen und Untersuchungen des amerikanischen Chiropraktikers Dr. George Goodheart. Er beobachtete, daß sich physische und psychische Vorgänge im Menschen auch im Funktionszustand seiner Muskeln spiegeln. Daraufhin entwickelte er 1964 ein einfaches Testverfahren, das diese Muskelfunktion ohne Zuhilfenahme von Apparaten erfaßt: den Muskeltest. Dabei wird die getestete Person aufgefordert, den zum Testen benutzten Körperteil (meist ein Arm oder ein Bein) gegen den leichten Druck des Testers an seinem Platz zu halten; die Testergebnisse lassen Rückschlüsse auf Energieblockaden zu.

Die Angewandte Kinesiologie basiert sowohl auf der wissenschaftlichen Anatomie und Physiologie als auch auf dem Energiemodell der chinesischen Akupunktur, also auf der Anschauung, daß durch unseren Körper außer Blut und Lymphe auch *Energie* fließt. Es ist eine basale, essentielle Energie, eine Lebensenergie, die offenbar ganz bestimmte Wege geht, die sogenannten *Meridiane*. Die meisten von uns haben schon von den Akupunkturpunkten gehört, und daher ist es für uns recht leicht, einen Meridian als eine Art unsichtbaren Kanal aufzufassen, der eine Reihe solcher Akupunkturpunkte verbindet. Wir können sagen, daß die Energie durch die Meridiane strömt. Wenn wir ausgeglichen sind, ist das ein Ausdruck dafür, daß diese Energie frei strömt; sind wir unausgeglichen, so bedeutet dies, daß der Energiestrom blockiert ist.

Eine zentrale Erkenntnis von George Goodheart war die, daß die verschiedenen Meridiane und ihr energetischer Zustand nicht nur mit bestimmten Organen, sondern auch mit bestimmten Muskeln in Verbindung stehen. So gelang es ihm, über das Feedbacksystem des Muskeltestens den Körper direkt zu befragen. Fragen an den Körper können etwa lauten: Soll ein bestimmter Akupunkturpunkt stimuliert werden? Ist ein bestimmtes Heilkraut, eine Blütenessenz, ein homöopathisches Mittel hilfreich für den Betroffenen? Ist ein bestimmtes Nahrungsmittel, eine (vorgestellte) soziale Situation für ihn ungünstig oder belastend?

Die Kinesiologie geht davon aus, daß der Organismus selbst am besten weiß, was ihm guttut, was ihm fehlt oder ihn stört. Dabei betrachtet sie den Menschen ganzheitlich, im Hinblick auf alle Aspekte seines Wesens, also auf strukturelle (Körperbau), biochemische und psychische Komponenten der Gesundheit. Entsprechend können die Ursachen für Energieblockaden Faktoren physischer, psychischer oder ernährungsmäßig-chemischer Art sein, oder sie können in Verbindung mit unserem neurologischen, „elektrischen" System stehen. Es kann auch umgekehrt sein: Ein blockierter Energiestrom kann physische, psychische und ernährungsmäßige Probleme schaffen.

Der Ausgangspunkt der kinesiologischen Arbeit ist, daß alles, was physisch, psychisch, ernährungsmäßig gut für den Menschen ist, vom Körper als eine positive „Herausforderung" erlebt wird, und der Muskeltest wird dann zeigen, daß die Muskelspannung in Ordnung, „stark" ist: Der Muskel hält beim Testen stand. Demgegenüber wird alles, was für den Menschen ungünstig ist, vom Körper als eine „Belastung" empfunden, die eine sofortige Verminderung der Muskelspannung verursacht: Der Muskel gibt beim Testen nach. Der jeweilige Körperteil kann nicht „die Stellung halten", sondern wird „schwach" werden und sich zur Ruhestellung zurückbewegen. Der Muskeltest zeigt gleichzeitig, ob der Energiestrom durch den mit dem jeweiligen Muskel in Verbindung stehenden Meridian frei oder blockiert ist.

Was ist Pädagogische Kinesiologie?

Aus der ursprünglichen Angewandten Kinesiologie haben sich mehrere unterschiedliche „Zweige" entwickelt. Einer dieser Zweige ist die „Pädagogische Kinesiologie" auf der Basis des *One-Brain*-Systems.

Der Begriff „Pädagogische Kinesiologie" entstand 1984 in Dänemark. Es war meine Übersetzung der amerikanischen *Educational Kinesiology* [in Deutschland: Edu-Kinestetik], die von Paul Dennison entwickelt worden war. Damals (1984) war die Pädagogische Kinesiologie identisch mit Paul Dennisons System. Seitdem ist die Methode auf der Basis eines anderen amerikanischen kinesiologischen Systems, *One Brain*, modifiziert worden, dessen Schöpfer Gordon Stokes ist. Heute entspricht die Pädagogische Kinesiologie dem *One-Brain*-System, wobei einige Teile der Edu-Kinestetik bewahrt wurden. Da einer der Ausgangspunkte in meiner Arbeit die Bewegung ist, habe ich es beim Testen von Kindern immer als natürlich empfunden, mit einem einfachen Bewegungstest anzufangen, der daher bis heute ein Bestandteil der Pädagogischen Kinesiologie / *One Brain* in Dänemark ist.

Die Kernaussage und Leitlinie der Edu-Kinestetik lautet: „Bewegung ist das Tor zum Lernen." Es geht darum, die für das Lernen notwendigen motorischen und neurologischen Grundlagen zu schaffen, wie zum Beispiel das unbehinderte Fließen der Augenbewegungen, die Hand-Augen-Koordination, die Fähigkeit, bei sich bewegenden Augen die Zeile zu halten, usw. Mit einfachen Übungen werden darüber hinaus die notwendigen Gehirnfunktionen so aktiviert und koordiniert, daß ein Lernen mit dem *ganzen* Gehirn möglich wird. Der bekannteste Teil der Edu-Kinestetik ist das *Brain-Gym*®-*Übungsprogramm*.

Der ursprüngliche Name *One Brain* (wörtlich: *Ein* Gehirn) wurde inzwischen präzisiert und erweitert zu *Three In One* (Drei Gehirne in einem); dahinter verbirgt sich ein einzigartiger Ansatz zur Streßauflösung: Wer emotionalen Streß erlebt, kann nicht die gesamte Kapazität seines Gehirns nutzen, sondern reagiert zunächst mit dem „Kampf-oder-Flucht-Mechanismus" des Hinterhirns. Wird der Streß aufgelöst, kann das Gehirn wieder ruhig und effektiv wahrnehmen und funktionieren, mit freiem Zugriff auf die Logik der linken Hälfte und die Kreativität der rechten Hälfte des Vorderhirns. Das umfangreiche *Three-In-One*-Ausbildungssystem beinhaltet unter anderem den differenzierten Einsatz des Muskeltestens zur Bestimmung der „negativen emotionalen Ladung" eines Themas, das Bewußtmachen unbewußter Emotionen mit Hilfe des Verhaltensbarometers (Kapitel 16), die Ermittlung des Lebensalters, in dem ein bestimmter Streß erstmals entstand, und ein breites Spektrum von Streßlösungstechniken.

Wenn ein Mensch mit einem Problem zu uns kommt und Hilfe für die Lösung sucht, arbeiten wir immer auf der Grundlage eines von uns ausgearbeiteten Testschemas (vgl. unser Kompendium *Pædagogisk Kinesiologi – en metode*, wonach wir auch in unseren Kursen unterrichten). Mit Hilfe des kinesiologischen Testens und Ausbalancierens (siehe oben, Körperbefragung) werden die Ursachen für die vorher angesprochenen Blockaden beseitigt, und zwar so, daß die Energie wieder frei durch den Körper strömen kann. Da wir den negativen emotionalen Streß als Ursache für die Energieblockade ansehen, kann das vorher Genannte auch so ausgedrückt werden:
Beim Testen findet und identifiziert man die Streßverursacher, und durch das Ausbalancieren werden sie unschädlich gemacht. Damit werden Streßreaktionen behoben und die Energie freigesetzt, so daß sie ungehindert strömen kann und uns zur Verfügung steht, während wir uns auf das selbst gesetzte Ziel zuarbeiten.

Die Pädagogische Kinesiologie / *One Brain* ist genausowenig wie die übrige Kinesiologie der „Stein der Weisen", aber sie ist eine sehr praktikable Methodik, um Menschen dabei zu unterstützen, die Verantwortung für ihre Gefühle selbst zu übernehmen, so daß sie die Handlungen wählen, die sie zu ihrem Ziel bringen. Wie das geschieht, darüber erfahren Sie Näheres im Kapitel 16 über das Verhaltensbarometer.

Kapitel 1

Neues beginnen ohne Streß

Wir alle brauchen in unserem Alltag alle unsere Kräfte. Auf alle Fälle müssen wir wissen, daß wir sie haben, so daß wir sie einsetzen können, wenn wir sie brauchen. Im *One-Brain*-System, auf dem die Pädagogische Kinesiologie hauptsächlich aufbaut, ist das Ziel unter anderem, Menschen dabei zu helfen, eine übermäßig starke Kontrollfunktion der logisch-digitalen (meistens linken) Gehirnhälfte abzumildern und damit das analoge (meistens der rechten Gehirnhälfte zugehörende), nichturteilende, nichtkontrollierende Bewußtsein zum Zuge kommen zu lassen, mit seiner ganzen intuitiven Aufmerksamkeit (engl.: *awareness*).

Ein anderes Ziel ist, daß wir dazu kommen sollen zu *wissen*, was wir *fühlen* durch all das, was wir wahrnehmen. Das heißt, wir werden mit dem Aufheben von Blockaden zwischen dem vorderen und dem hinteren Teil des Gehirns arbeiten.

Ich gehe davon aus, daß Sie Ihre Kräfte auch brauchen, um „alte" unzweckmäßige Reaktionsmuster loszulassen und um sich für „neue" und zweckmäßigere zu öffnen. Daher will ich meinen Ausgangspunkt bei Ihnen und Ihrem Alltag nehmen und Beispiele allgemeinmenschlicher Situationen geben – bei den meisten werden Sie sicherlich wiedererkennend nicken. Wenn das getan ist, will ich einen Schritt weitergehen und zeigen, wie Sie die gleichen Übungen, an denen Sie selbst Freude haben, auch anwenden können, wenn Sie eine Gruppe von Menschen, Kinder oder Erwachsene, sei es im Zusammenhang mit Schule oder auch in einem anderen Zusammenhang, unterrichten.

*

Das erste, was meiner Meinung nach getan werden sollte, ist das Beseitigen früher entstandener und immer noch existierender negativer emotionaler Streßreaktionen. Wir müssen also die Streßverursacher „unschädlich machen", die uns immer noch dazu bringen, so zu handeln, wie wir es taten, als wir ihnen zum ersten Mal begegneten; zu diesem Zeitpunkt verhalf uns eine *automatische* Reaktion zum Bewältigen der Streßsituation, in extremen Situationen vielleicht sogar zum Überleben – das war sicherlich auch gut so! Das heißt aber nicht, daß die alte Reaktion auch heute noch die beste ist, nachdem das Leben anders geworden ist durch die Entscheidung, durch die Wahl, die wir damals trafen. „Wahl?" sagen Sie. „Ich wählte doch nicht. Es geschah einfach." Doch, Sie wählten, aber es war eine Wahl, die auf einer unterbewußten Ebene oder, wenn Sie so wollen, auf einer Reflexebene stattfand. Nur das Resultat erreichte Ihr Bewußtsein: „Ich habe es geschafft!" Und gleichzeitig prägte sich das Reaktionsmuster im „Gedächtnis" all Ihrer Zellen ein und stellte sicher, daß Sie beim nächsten Mal automatisch genauso reagierten, als der gleiche spezifische Streßverursacher wieder in die „Arena" kam.

Dieser gewohnheitsmäßige Ablauf kann jedoch durchbrochen und Ihre Reaktionsweise kann geändert werden. Das läßt sich am besten erreichen, wenn Sie sich an einen professionellen Kinesiologen wenden, der mit Hilfe des Muskeltestens genau identifizieren kann, worum es geht und wann der Streßverursacher zum ersten Mal in Ihrem Leben auftrat. Nachdem dies geschehen ist, kann er für immer unschädlich gemacht werden. Die Amerikaner Gordon Stokes und Daniel Whiteside, die Begründer des *One-Brain*-Systems, nennen diesen Prozeß *defusion*. *Defusion* bedeutet in diesem Zusammenhang soviel wie „die Zündladung einer Bombe entfernen" oder „die Lunte entfernen", so daß die „Bombe", der Streßauslöser, keinen Schaden mehr anrichten kann. Er existiert immer noch, und wir können ihn sehen, wir können ihn fühlen. Er wird uns so vertraut, daß wir wissen, was wir fühlen, und wahrnehmen, wann er da ist. Auf diese Art und Weise ist er nicht mehr die Gefahr, die er früher war: Er ist entschärft. Wir können nun unsere eigene Wahl treffen und entscheiden, wie wir reagieren wollen. Wollen wir ihn in Ruhe lassen, wollen wir darüber die Achseln zucken, wollen wir uns von ihm fortbewegen, oder wollen wir vielleicht etwas ganz anderes tun?

26

Ja, es ist am besten und am dauerhaftesten, wenn Sie mit Hilfe des kinesiologischen Testens und Ausbalancierens zur direkten Ursache und zu dem Zeitpunkt, an dem der betreffende Streßverursacher zum ersten Mal auftrat, vorstoßen können. Das soll mich aber nicht daran hindern, Ihnen eine Übung zu zeigen, die Sie dazu befähigt, auf einfache Weise den Streß aus einer Situation herauszunehmen. Wenden Sie sie für sich selbst an, spüren Sie ihre Wirkung und geben Sie sie hinterher an die Menschen weiter, mit denen Sie zusammenarbeiten, so daß Sie ein gemeinsames Erlebnis haben. Es spielt keine Rolle, ob Sie daran *glauben,* daß sie wirkt. Es macht den Effekt nur größer! Daß ein Effekt eintritt, ist eigentlich einleuchtend, wenn wir etwas darüber wissen, was in unserem Gehirn, in unserem ganzen Körper passiert. Mehr hierüber steht am Ende dieses Abschnitts. Nun erst einmal zur praktischen Arbeit!

Ihr Tag ist – wie bei den meisten anderen Menschen – vermutlich so aufgeteilt, daß Sie von der einen zur anderen Form von Arbeit oder Beschäftigung übergehen. Da passiert so viel, und jede einzelne Situation verläuft am besten, wenn wir „ganz und gar da" sind. In der Kinesiologie haben wir eine Übung, die uns dazu verhelfen kann:

Das *Stirn-Hinterkopf-Halten* – alleine

Jedesmal, wenn Sie eine Situation abschließen und verlassen und zur nächsten Situation übergehen, sollten Sie sich in der Übergangsphase nach Möglichkeit für einige Minuten auf einen Stuhl setzen.

- Sitzen Sie aufrecht und gleichzeitig entspannt. Achten Sie darauf, daß Ihre Fußsohlen den Fußboden berühren und sich darauf ausruhen, sich von ihm tragen lassen. Atmen Sie ruhig.
  Legen Sie jetzt eine Hand an Ihren Hinterkopf. Lassen Sie die Hand der Form des Hinterkopfes folgen, sich dem Vorsprung, den der Hinterkopf bildet, anpassen. Weich und angenehm. Legen Sie die andere Hand so an die Stirn, daß Sie – auf der einen Seite mit dem Daumen, auf der anderen mit Zeige- und Mittelfinger – die

„Stirnbeinhöcker" berühren, zwei kleine Erhebungen oberhalb der Augenbrauen, etwa in der Mitte zwischen diesen und der Haaransatzlinie. (Siehe Abbildung 1) In diesem Buch nennen wir sie „Stirnpunkte".) Ihre Fingerspitzen sollten die Stirn nur ganz leicht berühren, so leicht, als berührten Sie den Flügel eines Schmetterlings. (Die leichte Berührung hat größere Wirkung, ein stärkerer Druck würde eher das Gegenteil bewirken!)

- Nachdem Sie Ihre Hände wie beschrieben angelegt haben, schließen Sie am besten die Augen, um Sinneseindrücke auszuschalten. Atmen Sie weiterhin ruhig ein und aus, und behalten Sie Ihre aufrechte, entspannte Haltung bei. Spüren Sie Ihre „Bodenhaftung", spüren Sie die Flächen, die Sie tragen: Stuhl und Boden.

- Verlassen Sie jetzt mit Hilfe Ihrer Gedanken bewußt die Situation, in der Sie sich vor der Übung befanden. Lassen Sie sie hinter sich (verschwinden), sie ist vorbei. Sie sind in der Gegenwart, und Sie sitzen auf Ihrem Stuhl. Sie spüren Ihr Gesäß auf dem Sitz, vielleicht Ihren Rücken an der Rückenlehne, und Sie spüren Ihre Füße auf dem Fußboden.
Stellen Sie sich dann auf die neue Situation ein, zu der Sie nach der Übung übergehen wollen. Wo werden Sie sein, zusammen mit wem, und was sollen Sie tun? Spüren Sie, wie Sie aufmerksamer, horchender werden. Wahrscheinlich werden Sie auch den Grad an Ruhe spüren, den Sie haben, und wie er sich langsam aber sicher erhöht.
Auf diese Art und Weise werden Sie „klar", hellwach und voller Energie für den nächsten Schritt. Sollte da etwas aus der vorhergegangenen Situation sein, das Sie bekümmert, oder in Verbindung mit der nächsten Situation etwas, das Ihnen Angst macht, dann machen Sie folgendes kleines Experiment:
Stellen Sie fest, wo im Körper sich Ihre Angst manifestiert. Ist es ein Kloß im Hals, ist es eine Verspannung in beiden Schultern oder nur in einer? Sitzt die Angst im Zwerchfell, so daß Sie nicht frei atmen können, oder sind es „Schmetterlinge im Bauch"? (Vielleicht merken Sie es ganz woanders. Die Stelle ist nicht so wichtig wie die Tatsache, daß Sie sie finden und erkennen.)

Abbildung 1: Die Stirn und den Hinterkopf halten

Sie sollen nun Herr über diese Streßreaktion werden und sie ganz einfach dazu bekommen, daß sie aus Ihrem Körper verschwindet, so daß Ihre Energie dort nicht mehr blockiert ist, sondern überall frei fließen kann, wo sie es vorher zuwenig tat.

- Atmen Sie weiterhin ruhig, und ziehen Sie die Spannung (oder was es auch immer sei) heraus aus den Stellen im Körper, wo sie sich befindet. Sehen Sie das im Geiste vor sich, stellen Sie sich vor, wie die Spannung freikommt, sich löst. Holen Sie sie hoch zu Ihrem Kopf, Ihrem Gehirn (wo der Streß ja primär entstanden ist); schikken Sie sie von da aus in einem ruhigen, warmen Strom an Ihrer Wirbelsäule entlang, hinunter bis zu Ihrem Steißbein, und von dort aus senkrecht hinunter in die Erde. Stellen Sie sich einen Blitzableiter, ein Ablaufrohr vor. „Sehen" und spüren Sie den Strom. Spüren Sie, wie Sie „leer" werden (im Sinne von offen, befreit) und daß in Ihnen viel Platz ist.

• Wenn die Spannung, der Schmerz, aus dem Körper entfernt ist, dann ist auch die Blockade des freien Energiestromes aufgehoben, und in Ihrem Körper ist buchstäblich viel mehr Platz.

• Füllen Sie diesen Platz jetzt mit Hilfe tiefer, ruhiger Atmung aus. Füllen Sie ihn mit dem Gefühl der Entspannung aus, mit dem Gefühl der Erleichterung, dem Gefühl von Freude und Wärme oder mit etwas, das Sie gerade jetzt am meisten brauchen – zum Beispiel mit einer Farbe. Lassen Sie dieses Gefühl, diese Farbe durch sich hindurchströmen, lassen Sie es jede einzelne Zelle erreichen, lassen Sie es den freien Platz ausfüllen.

Nachdem dies geschehen ist, atmen Sie tief ein, nehmen Sie dann Ihre Hände vom Kopf und atmen Sie anschließend tief aus. Es ist fast wie ein tiefer Seufzer, der im übrigen sehr oft völlig spontan kommt.

• Stehen Sie jetzt auf und gehen Sie zu Ihrer nächsten Aufgabe über mit der Ruhe, die Sie sich selbst verschafft haben. Spüren Sie, wie Sie diese neue Situation erleben.

Meine Erfahrungen – die teils meine ganz persönlichen und teils Erfahrungen sind, die andere gemacht und mir mitgeteilt haben – zeigen, daß dies unglaublich gut wirkt. Nehmen Sie sich nur etwas Zeit. Nicht alle erhalten gleich beim ersten Mal das erwünschte gute Resultat. Wenn Sie die Übung öfter wiederholen, werden Sie immer mehr die Ruhe und das Gleichgewicht spüren, und Sie werden die Energie fühlen, die freier durch Ihren Körper zu Ihrem Gehirn strömt, das ja für Ihre persönliche Entscheidung verantwortlich ist.

Ich werde später auf diese Übung zurückkommen und Ihnen zeigen, wie Sie sie einsetzen können, um in Ihrer Arbeit weiterzukommen, alte Streßverursacher unschädlich zu machen und alte Streßreaktionen zu beseitigen. (Vgl. Kapitel 14) An dieser Stelle wurde sie bloß angewandt, um Ihnen zu helfen, im Hier und Jetzt zu sein und streßfrei zu Ihrer nächsten Aufgabe in Ihrem Alltag überzugehen.

Das *Stirn-Hinterkopf-Halten* in einer Gruppe

Das folgende Beispiel bezieht sich auf eine Unterrichtssituation mit einer Schulklasse. Sie können die Übung genauso gewinnbringend unter Erwachsenen machen und dann die Wortwahl entsprechend verändern. [Beispiele: Arbeitsteam, Kollegium, Initiativgruppe, Sportverein, Fortbildungsseminar …; Planungs- oder Krisensitzungen, schwierige Entscheidungen, neue Lösungen suchen …]

Stellen Sie sich vor, Sie kommen in die Klasse. Es war gerade vorher Pause, viele Kinder sind ein wenig aufgeregt, andere sind etwas ruhiger. Sie alle haben gemeinsam, daß sie sich binnen kurzer Zeit von einer Tätigkeit auf eine andere umstellen müssen, von der Pause auf eine Unterrichtsstunde, deren Inhalt sich oft wesentlich vom Inhalt der Unterrichtsstunde vor der Pause unterscheidet.

Veranlassen Sie erst einmal, daß sich alle Schüler hinsetzen, und sorgen Sie dafür, daß sie still sind. Das kann auf verschiedene Art und Weise erreicht werden, und Sie haben sicherlich Ihre eigene. Vielleicht kann *meine* Methode Ihnen als zusätzliche Anregung dienen. Vom ersten Mal an, wenn ich einer neuen Gruppe von Kindern begegne, gewöhne ich sie daran: Wenn ich mit den Händen klatsche und dann die Arme hebe – am besten mit Zeige- und Mittelfinger ein V bildend, wie zwei Hasenohren – so bedeutet das, daß sie still sein sollen, und zwar sofort, weil ich etwas zu sagen habe, das sie hören sollen. Dieses Signal habe ich seit vielen Jahren eingesetzt, und es wirkt auch bei Erwachsenen!

Sagen Sie dann etwa folgendes zu ihnen:

- „Ich werde euch jetzt sagen, was wir in dieser Stunde machen werden, und ich möchte euch zeigen, wie wir am besten damit anfangen.
- Setzt euch so hin, daß eure Füße den Boden berühren, nicht nur die Zehen, sondern die ganze Fußsohle. Macht euren Rücken lang und gerade, entweder mit oder ohne Hilfe der Rückenlehne. Atmet langsam und ruhig.
- Legt jetzt eure Hände so an den Kopf, daß die eine Hand den Hinterkopf hält, nicht den Nacken, und die Fingerspitzen der anderen

Hand die zwei leichten Erhebungen auf der Stirn berühren. Haltet sehr vorsichtig, als ob es ein Schmetterling wäre, den ihr berührt." (Nebenbei bemerkt: Es *könnte* notwendig sein, daß Sie umhergehen und den Schülern zeigen, wie sie halten sollen, damit sie sich wirklich sanft genug berühren.)

- „Bleibt mit geradem Rücken sitzen und denkt an die Pause, daran, daß ihr draußen wart, und daran, was ihr in der Pause getan habt. Wenn ihr damit fertig seid, laßt es hinter euch. Es ist vorbei, nun seid ihr wieder im Klassenzimmer, und gleich werden wir mit etwas ganz anderem anfangen.
- Spürt wieder, wie ihr auf euren Stühlen sitzt, eure Füße auf dem Boden und den Rücken aufrecht, in ausgeglichener, lockerer Sitzhaltung. Laßt die Hände dort, wo sie sind, wechselt sie eventuell, und bereitet euch darauf vor, das zu hören, was ich euch jetzt sagen will."

Sagen Sie daraufhin das, was Sie der Klasse sagen wollen, und Sie können sicher sein, daß mehr Ruhe und Konzentration herrschen werden, als es „normalerweise" der Fall ist, und daß die meisten Schüler mehr und besser begreifen als sonst. Sie haben nämlich einen Teil des Gehirns aktiviert, der am meisten aktiv ist, wenn es um bewußtes, assoziierendes Denken geht: das Vorderhirn. [„Assoziierendes Denken" = neue Gedankenverbindungen herstellen, neue Bezüge schaffen, verschiedene Aspekte zusammentragen, reflektieren]

Wollen Sie Ihren Schülern danach eine Arbeit aufgeben, so können Sie ihnen wirklich sehr helfen, indem Sie sagen:

- „Behaltet eure Hände weiterhin auf Stirn und Hinterkopf und hört gut zu. Gleich bekommt ihr eine kleine Aufgabe, mit der ihr in dieser Stunde arbeiten sollt. Einige von euch werden bestimmt finden, daß sie schwer sei, andere werden sie leicht finden, und andere wiederum werden finden, daß sie irgendwo im Mittelbereich liege. Wir alle sind unterschiedlich, und daher fassen wir auch unterschiedlich auf.
Sagt zu euch selbst: „Ich werde tun, was ich kann, und ich werde ganz ruhig all das anwenden, was ich kann und weiß." Keiner von euch kann *mehr* tun, aber ihr alle könnt all das anwenden, was ihr

könnt und wißt. Seid ihr aufgeregt beim Gedanken an die Aufgabe, dann findet heraus, wo die Nervosität sitzt, und laßt eure Phantasie spielen, um herauszubekommen, wie euer Körper die Nervosität loswerden kann. Macht euch ein Bild davon, wie ihr sie wegbekommt."

(Sie können den Kindern vielleicht dabei helfen, indem Sie ihnen vom „Blitzableiter" (vgl. Seite 30) erzählen, und Sie werden bald feststellen, daß Ihre Schüler viel Phantasie haben und daß sie oft neue und spannende Methoden finden, um ihre Streßreaktionen loszuwerden. Methoden, die Sie vielleicht selbst gerne übernehmen werden.)

- „Wenn die Nervosität den Körper verlassen hat, sollt ihr den dabei entstehenden Platz mit Ruhe und Frieden ausfüllen. Ihr sollt euch dazu entschließen, entspannt zu sein, wenn ihr gleich anfangt, und ich kann euch versichern, daß ihr eurem Gehirn auf diese Art und Weise die meiste Energie zuführt, so daß es klarer denken kann.
- Wenn ihr die Ruhe und das Gleichgewicht im ganzen Körper spürt, schließt mit einer tiefen Einatmung und nehmt eure Hände vom Kopf. Atmet dann vollständig aus und genießt die Stille."

Ihre Schüler sind jetzt bereit, mit dem Unterricht anzufangen, und Sie selbst sind auch bereit anzufangen, denn Sie haben die Übung natürlich mitgemacht!

Warum diese Streßbefreiungsübung wirkt

In der Kinesiologie gehören die Stirnpunkte zu den sogenannten „neurovaskulären Punkten". Dies sind Reflexpunkte, vorwiegend an der Kopfoberfläche, die in Verbindung zu vielen Körperorganen stehen, unter anderem zum Gehirn. Forscher haben herausgefunden, daß ihre Stimulierung (Berühren, Massieren) die Blutzirkulation in den betreffenden Organen erhöht. Daß vermehrte Blutzirkulation ein besseres Arbeiten, Funktionieren bewirkt, das wissen wir wohl alle. Denken Sie nur an Sportler, die ihre Muskeln auf verschiedene Art und Weise trainieren, um die Muskelkraft und damit ihre Funktion zu verbessern. So stimulieren die Stirnpunkte die Durchblutung des Vorderhirns, in dem unser bewußtes, reflektierendes Denken angesiedelt wird. Allein diese erhöhte Durchblutung bewirkt bereits, daß neben unseren Emotionen (Hinterhirn) auch unser Denken zum Zuge kommt, daß wir die Emotionen nicht nur unbewußt fühlen, sondern uns ihrer auch bewußt werden, daß wir in diesem Sinne einen „klaren Kopf" bekommen und mit mehr Besonnenheit reagieren können.

Und noch etwas: Auch ohne wissenschaftliches Hintergrundwissen haben Menschen sich schon immer „an die Stirn gefaßt", wenn sie klar denken und eine Situation überblicken wollten. Dieser Vorgang ist also in keiner Weise außergewöhnlich, sondern natürlich und alltäglich.

Kapitel 2

Stilles Lesen leicht gemacht

Vermutlich gehören Sie – so wie ich – zu den Menschen, die gerne den größtmöglichen Nutzen aus dem ziehen wollen, was sie lesen. Deswegen – und weil Sie gerade dasitzen und lesen – wird das, was ich Ihnen als nächstes vorstellen will, vom stillen Lesen handeln: Sie sitzen da mit einem Buch oder einer Zeitung und lesen still für sich. (Weitere Beispiele: eine Gebrauchsanweisung oder Arbeitsanleitung, eine Firmenbilanz oder ein Fachzeitschriftenartikel. Wir werden später die Situation des *lauten* Vorlesens aufgreifen. Sie ist völlig anders.) Zu sitzen und still zu lesen beinhaltet viele Teilfunktionen. Ich will einige davon nennen:

- Sie sitzen auf einem Stuhl (oder auf einer anderen Sitzgelegenheit) und benutzen dabei einige Muskeln.
- Sie schauen nach unten, das heißt: Ihre Pupillen befinden sich im unteren Teil der Augenöffnungen.
- Sie bewegen Ihre Augen von einer Seite zur anderen.
- Sie möchten gerne unbeschwert und ohne Müdigkeit lesen.

Es gibt eine Übung in der Kinesiologie (genauer gesagt: im *Brain-Gym*®-Programm von Paul Dennison), die unterstützend auf all diese Funktionen wirken kann, und ich will sie Schritt für Schritt durchgehen: das Massieren der „Gehirnpunkte". Lassen Sie uns anfangen mit der Körperhaltung; sie hat große Bedeutung für den freien Energiestrom zu allen Muskeln, die am Sitzen beteiligt sind; es geht um Muskeln an den Gliedmaßen und an vielen Organen:

Ich gehe davon aus, daß Sie auf einem Bürostuhl an einem Tisch sitzen, während Sie lesen. Sitzen Sie in einem Lehnstuhl, so werden Sie diese Hinweise trotzdem gebrauchen können. Hier ist bloß wichtig, daß dieser Stuhl Ihnen beim Zurücklehnen gute Unterstützung für Ihren Rücken gibt.

Die *Gehirnpunkte* massieren – alleine

Lassen Sie uns vom Sitzen auf einem Bürostuhl ausgehen:

- Setzen Sie sich in ausgeglichener Sitzhaltung hin: Ihr Rücken sollte aufrecht und gerade, aber locker und unverkrampft sein. Ihre Füße sollten den Boden berühren, und Sie sollten gute Unterstützung für Ihre Oberschenkel und Ihr Gesäß haben. Beugen Sie sich vom Hüftgelenk aus etwas nach vorne (ohne den *Rücken* zu krümmen), so daß Sie sich ein wenig über den Tisch neigen.

Eine leicht nach vorn geneigte, schräge Sitzfläche, eventuell durch einen Schrägkeil gebildet, gibt uns zusammen mit einer schräggestellten Tischplatte die beste Möglichkeit für eine gute, ausgeglichene Sitzhaltung. Wenn Sie so sitzen, werden die Belastungsverhältnisse für den Rücken die bestmöglichen sein, und außerdem können die Energien viel freier entlang der Meridiane fließen, als sie es tun, wenn Sie beim Sitzen sozusagen in sich zusammenfallen.

Wie an anderer Stelle in diesem Buch erläutert [s. Seite 20 und Seite 45], fließen die Energien durch den Körper entlang der sogenannten Meridiane, die eine Reihe von Akupunkturpunkten miteinander verbinden. Zum Gehirn strömen die Energien hauptsächlich durch das Zentral- und das Gouverneursgefäß (jeweils an der Vorder- und Rückseite des Körpers), und unter anderem deswegen ist die Sitzhaltung von großer Bedeutung für die „Ausbeute", für das Verstehen beim Lesen. Nun wollen wir mit der Übung anfangen, die Ihnen das Lesen erleichtern wird:

- Setzen Sie das Lesen, wie Sie es hier begonnen haben, fort, während Sie gleichzeitig mit einer Hand Ihre Nabelgegend bedecken.
- Mit der anderen Hand massieren Sie zwei kleine Vertiefungen, in denen sich zwei Akupunkturpunkte befinden, die in der Akupunktur „Ni27" genannt werden [die Endpunkte des Nierenmeridians]. In diesem Buch nennen wir sie „Gehirnpunkte".

(Diese Punkte liegen in den Winkeln rechts und links vom Brustbein und unmittelbar unterhalb der Schlüsselbeine. Sie können die Fingerstellung in der Abbildung 2 erkennen und die Erklärung dazu im Kommentar am Ende dieses Abschnittes lesen.)

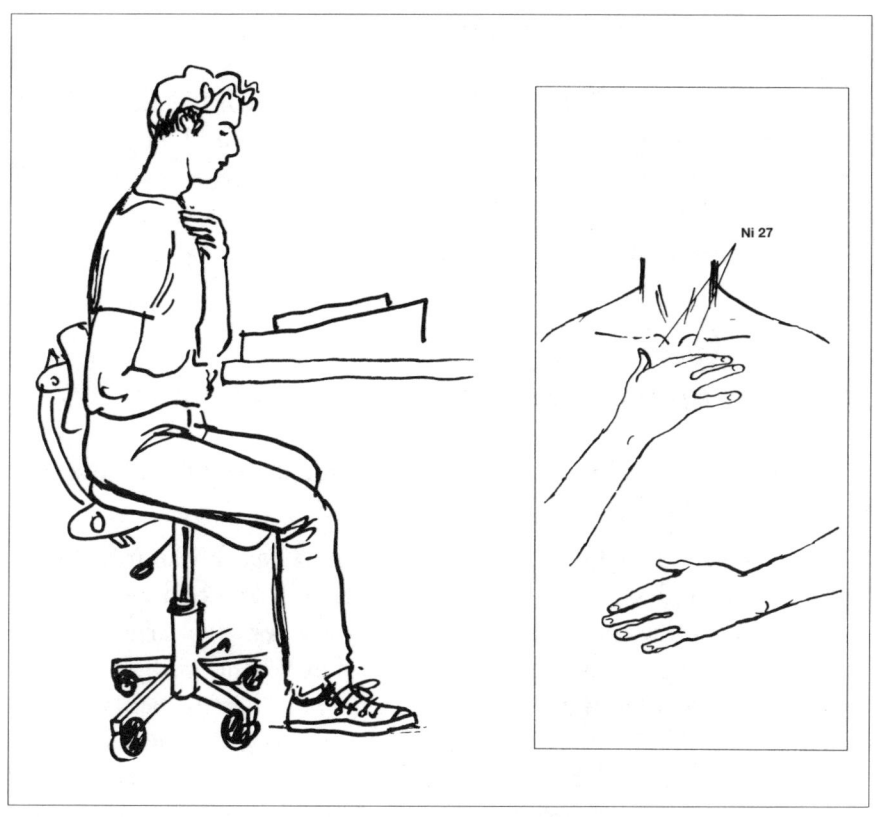

Abbildung 2: Die *Gehirnpunkte* massieren und den Nabel halten

- Massieren Sie diese *Gehirnpunkte* fest und langsam, mit Ihrem Daumen auf dem einen und mit Zeige- und Mittelfinger auf dem anderen Punkt.
- Setzen Sie die Massage eine halbe bis eine Minute mit der einen Hand fort, wechseln Sie dann die Hände und wiederholen Sie die Massage mit der anderen Hand. Lassen Sie dabei die zweite Hand ganz ruhig auf der Nabelgegend liegen.

Wenn Sie eine Zeitlang gelesen haben, nachdem Sie die *Gehirnpunkte* massiert haben, können Sie die Massage wiederholen, sobald Sie fühlen, daß Sie das brauchen. Wie spüren Sie das? Ganz einfach: Jedesmal wenn Sie spüren, daß Sie vom Lesen etwas müde werden, wiederholen Sie die Massage.

Es wäre eine gute Hilfe, wenn Sie *jedesmal*, bevor Sie anfangen zu lesen, diese *Gehirnpunkte* massierten, während eine Hand ruhig auf der Nabelgegend liegt. Massieren Sie mit jeder Hand eine halbe bis eine Minute. Es ist einfach und kann nach kurzer Zeit zu einer unaufwendigen, aber nützlichen Gewohnheit werden.

Die *Gehirnpunkte* massieren in einer Gruppe

Auch hier gebe ich Ihnen nur ein paar Beispiele. Sie können die Anwendungsmöglichkeiten selbst erweitern.

1. Sie sitzen in einer Gruppe. Sie sollen einen Text zusammen lesen. Erzählen Sie den anderen in der Gruppe von der eben beschriebenen kinesiologischen Übung. Erzählen Sie von den Erfahrungen, die Sie selbst gemacht haben, und von den Veränderungen, die Sie nach der Anwendung der Übungen gespürt haben. Schlagen Sie danach vor, daß Sie die Übung gemeinsam machen, und schlagen Sie auch vor, daß alle in der Gruppe die Massage jedesmal wiederholen, wenn sie fühlen, daß sie vom Lesen ein wenig müde werden.

2. Sie sind Lehrer und sollen eine Schulklasse unterrichten. Die Schüler waren gerade in der Bibliothek, um neue Bücher auszuleihen. Nun sollen sie still für sich lesen, bis die Stunde zu Ende ist.

Von dieser Situation ausgehend und mit ein paar einleitenden Worten über die Übung massieren Sie selbst und alle anderen Gruppenmitglieder gleichzeitig die *Gehirnpunkte* mit der einen Hand, während die andere ruhig auf der Nabelgegend liegt. Es ist gleichgültig, mit welcher Hand Sie anfangen; Sie sollten nur daran denken, die Massage erst mit der einen und dann mit der anderen Hand vorzunehmen, während Sie lesen. Nur wenn Sie während des Massierens lesen, erreichen Sie eine Wirkung, die man beim Lesen spüren kann.

Nach unten schauen

Da wäre zunächst einmal die Augenstellung, die Sie benutzen, wenn Sie ein Buch vor sich liegen haben. Bis zu einem gewissen Grad hilft es, wenn Ihre Sitzfläche und Ihre Tischplatte schräggestellt sind. Allerdings sind nicht alle in der glücklichen Lage, solche Möbel zu besitzen.

Sie können Ihrem Körper helfen, eine Menge Streß zu vermeiden, und Sie können ihm helfen, akuten Streß in Verbindung mit Ihrer Augenstellung aufzulösen, indem Sie folgendes tun: (Sie sollten *nicht* lesen, während Sie diese Übung ausführen!)

- Legen Sie eine Hand auf die Nabelgegend, massieren Sie die *Gehirnpunkte*, wie Sie es gerade gelernt haben, und richten Sie gleichzeitig Ihren Blick nach unten. Halten Sie den Kopf gerade, unbewegt – senken Sie nur die Augen nach unten. Auf diese Weise bringen Sie Ihre Augen in den unteren Teil des Sehfeldes, und nur so wird die Übung helfen können.
- Die Augen sollen in dieser Stellung verweilen, während Sie die *Gehirnpunkte* massieren, erst mit der einen Hand und danach mit der anderen. Dies machen Sie genauso wie vorher, eine halbe bis eine ganze Minute mit jeder Hand. Mit ein bißchen Übung werden Sie selbst spüren können, wie lange Sie massieren müssen.
Schließen Sie mit tiefem Einatmen ab und nehmen Sie Ihre Hände von den Punkten. Atmen Sie danach ruhig aus.
Der gleiche Effekt, bei manchen sogar ein noch stärkerer, kann durch die folgende Übung erzielt werden:

Die *Augenpunkte* massieren

- Die *Augenpunkte* liegen in zwei Vertiefungen am Hinterkopf, rechts und links der Wirbelsäule, unterhalb des Schädelrandes, auf der Höhe der Oberkante der Ohren. Auch hierbei ist es wichtig, daran zu denken, daß die Augen die ganze Zeit nach unten schauen sollen; nur so erhalten Sie das erwünschte Ergebnis.

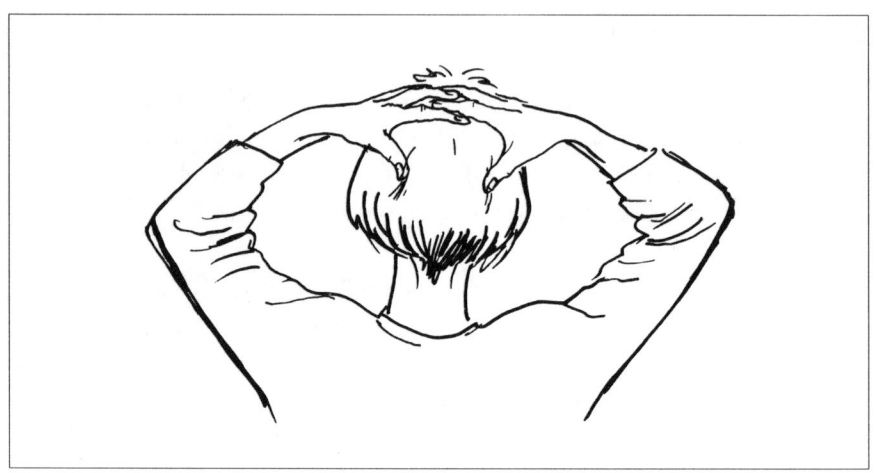

Abbildung 3: Die *Augenpunkte* massieren

Dieses besteht darin, daß Sie, nachdem Sie die Übung gemacht haben, nach unten schauen können, ohne daß im Körper eine Streßreaktion auftritt. (Diese mögliche Streßreaktion wird von der spezifischen Muskeltätigkeit verursacht, die mit dieser aktuellen, gegenwärtigen Augenstellung verbunden ist, kombiniert mit der Erinnerung an eine frühere Streßsituation wie Schulversagen oder Prüfung, die in Verbindung mit genau dieser Augenposition erlebt wurde.)

Es ist wohl leicht zu verstehen, daß Muskeltätigkeit im physischen Sinne leichter, das heißt streßfreier wird. Schwerer ist zu verstehen, daß auch Streß, der an ein altes, gefühlsmäßiges Trauma geknüpft ist, mit Hilfe einer Übung, die nur ein paar Minuten dauert, vermindert oder sogar ganz beseitigt werden kann. Dies geschieht nicht zuletzt deswegen, weil Körper und Seele eng miteinander verbunden und weil alle ihre Funktionen Teile eines größeren Ganzen sind. Es gibt mehrere Stellen in diesem Kapitel, wo dieser Zusammenhang beleuchtet wird.

Die Augen von einer Seite zur anderen bewegen

Auch das Bewegen der Augen von einer Seite zur anderen kann mit Streß behaftet sein; diese Bewegungen können eine Streßreaktion in Ihrem Körper verursachen, die sich durch kinesiologisches Muskeltesten nachweisen läßt. [Den qualifizierten Einsatz des Muskeltests will und kann dieses Buch nicht vermitteln. Literatur und Adressen dazu finden Sie im Anhang.]

- Setzen Sie sich auf Ihren Stuhl oder stellen Sie sich hin, in beiden Fällen mit aufrechter, aber lockerer Haltung.
- Massieren Sie jetzt Ihre *Augenpunkte* am Hinterkopf; anschließend halten Sie Ihre Nabelgegend und massieren gleichzeitig die *Gehirnpunkte*. Während Sie diese beiden Techniken ausführen, bewegen Sie jeweils Ihre Augen von einer Seite zur anderen. Führen Sie diese Augenbewegung ganz ruhig und langsam aus, so als ob Sie mit dem Blick einem Tennisball folgten. Anders als bei einem Tennismatch sollten Sie Ihren Kopf allerdings ganz ruhig halten.
Wenn Sie diese beiden Varianten öfter machen, werden Sie nach und nach spüren, welche bei Ihnen besser anspricht, und auf diese können Sie sich dann beschränken. Beim Massieren der *Augenpunkte* ist es – anders als bei den *Gehirnpunkten* – nicht notwendig, die Hände zu wechseln.

Eine andere hilfreiche Übung zum Auflösen von Streßreaktionen neurologischer Art in Verbindung mit der Augenbewegung über die Mittellinie des Körpers beschreibe ich auf den folgenden Seiten.

Die *Liegende Acht*

Diese Übung (ebenfalls durch Paul Dennisons *Brain-Gym*® bekanntgeworden) wird dazu beitragen, daß das Lesen ein noch angenehmeres Erlebnis für Sie wird.

- Stellen Sie sich mit leicht gegrätschten Beinen hin. Zeichnen Sie dann eine liegende Acht – in der Mathematik das Zeichen für unendlich – in die Luft, erst mit der einen, dann mit der anderen Hand.
- Halten Sie den Kopf ruhig und folgen Sie den Fingerspitzen nur mit Ihrem Blick. Machen Sie die Acht so groß wie möglich, so daß Ihre Augen sich möglichst viel bewegen müssen.
- Legen Sie dann die Hände zusammen: Bilden Sie mit beiden Daumen und Zeigefingern ein Loch, zeichnen Sie mit beiden Händen zusammen weiterhin Achten in die Luft und gucken Sie dabei durch die Öffnung, die Daumen und Zeigefinger bilden. Machen Sie die Acht so groß wie überhaupt möglich, indem Sie Ihr Gewicht von einer Seite zur anderen verlagern und den ganzen Körper dabei einsetzen. Die Augen bewegen sich immer noch so viel wie möglich, bis zu den äußersten Rändern Ihres Gesichtsfeldes.

Wenn man will, kann man dabei Musik hören. Am besten wäre Musik im Walzertakt. Man kann dazu auch mitsingen oder mitsummen.

- Machen Sie zum Schluß die Bewegungen kleiner und kleiner, so daß am Ende Ihr Körper ganz still steht und nur noch Ihre Augen den Bewegungen der Hände folgen. Schließen Sie damit, daß Sie einen Augenblick mit geschlossenen Augen stehen und mit den Händen die Stirnpunkte und den Hinterkopf halten (s. Seite 29); denken Sie dabei an das, was Sie gerade gemacht haben.

Diese mentale, vorstellungsmäßige Verankerung ist mindestens genau so wichtig wie die Übung selbst. Machen Sie das jedesmal, wenn Sie mit einer der Übungen aus diesem Buch fertig sind. Es verstärkt die Wirkung beträchtlich.

- Setzen Sie sich danach wieder in Ihre ausgeglichene Sitzposition und lesen Sie in Ihrem Buch oder Ihrer Zeitung.

Denken Sie daran, daß Sie etwas Gutes für sich getan haben. Genießen

Abbildung 4: Die *Liegende Acht*

Sie die gründliche Vorarbeit. Waren Sie bereits im Gleichgewicht, bevor Sie anfingen zu lesen, so ist Ihr Gleichgewicht jetzt stabilisiert, oder es ist sogar noch besser geworden. Waren Sie nicht im Gleichgewicht, dann wissen Sie jetzt, daß Sie es hergestellt haben.

„Wie lange hält das an?" fragen Sie vielleicht. Nur Muskeltesten kann genauen Aufschluß darüber geben, aber meine Erfahrungen haben gezeigt, daß es oft einen ganzen Tag anhält; bei einigen Menschen vielleicht weniger, bei anderen ist der Effekt dauerhaft. Das Beste, was Sie tun können, ist, auf Ihren Körper zu hören. Spüren Sie, daß Sie während des Lesens ein wenig müde werden, dann machen Sie die Übungen einfach noch einmal.

Augenpunkte und *Liegende Acht* in einer Gruppe

Erzählen Sie den Menschen, mit denen Sie zusammen sind, von Ihren Erfahrungen, und schlagen Sie vor, daß Sie die Übungen zusammen machen. Handelt es sich um eine Schulklasse, dann erklären Sie Ihnen, was sie brauchen, damit sie schnell und sicher lesen können.

Es wäre eine gute Idee, die Schüler zu fragen, ob sie wissen, was der Körper können muß, damit sie in einem Buch lesen können. Nach meiner Erfahrung wissen Kinder eine ganze Menge, viel mehr, als wir Erwachsene (glauben)! Kinder wissen genau, daß sie von oben nach unten und von einer Seite zur anderen sehen und daß sie konzentriert sein müssen. Und Sie können ihnen etwas darüber beibringen, daß ihre beiden Gehirnhälften gut zusammenarbeiten müssen, um all das zu sammeln und zu koordinieren, was die Augen sehen. Mit Hilfe Ihres gemeinsamen Wissens dürfte es nicht schwer sein, Schüler für die Übungen zu motivieren.

Ermuntern Sie die Schüler auch, sich auf die Signale ihres Körpers zu verlassen. Sie können ihnen vorschlagen, während des Lesens einmal innezuhalten und auf ihren Körper zu horchen. Wenn sie spüren, daß er wieder Bewegung braucht oder daß sie – während sie weiterlesen – die Nabelgegend halten und die *Gehirnpunkte* massieren sollten, dann sollten sie das tun.

Bevor die Stunde zu Ende geht, ist es meiner Meinung und meiner Erfahrung nach von großer Bedeutung, daß Sie mit Ihren Schülern über ihre Erfahrungen beim Leseprozeß reden. War da etwas, was leichter wurde? War es genauso wie sonst? Lassen Sie die Schüler ihre Erlebnisse ausdrücken. Erst dadurch bekommen sie einen Eindruck von der Wirkung ihres bewußten Einsatzes. Dies ist sehr wichtig in der Gesundheitsvorsorge. Es bildet die Basis dafür, daß wir Menschen lernen, die Verantwortung für uns selbst zu übernehmen.

Wenn Sie Ihren Schülern diese und andere einfache Übungen aus diesem Buch beibringen, geben Sie ihnen ein Instrumentarium, mit dem sie sich selbst helfen können. Sie geben ihnen gleichzeitig Macht über die eigene Situation, ein Faktor, der mit dem Gesundheitszustand untrennbar verbunden ist. Sie selbst erreichen für sich genau das

Gleiche, wenn Sie die Übungen machen; also lohnt sich dieser kleine Einsatz auch für Sie!

Kommentare

Über die Meridiane

In der Kinesiologie wird der Meridian der Vorderseite Zentral- oder Konzeptionsgefäß genannt. Der Meridian der Rückseite wird Gouverneursgefäß genannt. Es ist wichtig, daß die Energie in der „richtigen" Richtung durch diese Meridiane fließt. Tut sie das, so ist es für uns leichter, uns „im Griff" zu haben. Tut sie das nicht, so kann es passieren, daß wir „aus dem Konzept kommen"!

Wir haben in der ersten Übung dieses Kapitels mit den Endpunkten des Nierenmeridians gearbeitet. Der Nierenmeridian ist für viele Funktionen von Bedeutung, unter anderem auch für die unserer Augen. Indem Sie die *Gehirnpunkte* massieren, stimulieren Sie sowohl den Nierenmeridian selbst als auch zwei wichtige, zentrale Reflexpunkte für *alle* Meridiane sowie für die Funktion Ihrer Augen.

Die Wirksamkeit der Meridianenergie wird dadurch verstärkt, daß Sie eine Hand auf die Nabelgegend halten. Wenn Ihre Hand dort liegt, wird ein Kontakt zu allen Meridianen hergestellt, und da jeder einzelne Meridian gemäß der chinesischen Philosophie auch mit einer gefühlsmäßigen Qualität, mit einer bestimmten Emotion verbunden ist, so erzielen wir einen noch weiter reichenden Effekt, wenn eine Hand die Nabelgegend deckt und damit alle Meridiane anregt.

Vielleicht finden Sie hier einiges nicht gleich einleuchtend. Ja, es ist nicht einfach so zu verstehen, wie wir in unserer Kultur gewohnt sind, Zusammenhänge zu begreifen: Alles muß gemessen, gewogen, beobachtet werden können. Daß das Erklärungsmodell der chinesischen Philosophie davon abweicht, schließt aber seine praktische Nutzbarkeit nicht aus. [Westliche Wissenschaftler konnten immerhin bereits feststellen, daß seine Wirksamkeit auch mit ihren Methoden erfaßbar ist: „Akupunkturmeridiane mit elektronischer Kamera sichtbar gemacht", Artikel in der Zeitschrift *bioenergetik*, Juni 1988, und: „Isotopische Verdeutlichung der Akupunkturlinien", in: *Deutsche Zeitschrift für Akupunktur*, Febr. 1992]

Mit Hilfe der Pädagogischen Kinesiologie/*One Brain* finden wir die Stellen im Körper, wo zuwenig, und die Stellen, wo zuviel Energie ist. Mit verschiedenen Techniken lehren wir die Menschen, die zu uns kommen, die „Überenergie" loszulassen, so daß sie genau dorthin fließen kann, wo sie gebraucht wird. Typische Ursachen für Überenergie sind Schmerz, Furcht oder Furcht vor Schmerz, und dieser Schmerz kann sowohl physisch als auch emotional, psychisch, sein.

Denken Sie daran, daß der Hauptzweck der sogenannten Energiebalancen [Energieausgleichstechniken] der ist, die Kontrollfunktion der logisch-digitalen Gehirnhälfte zu umgehen, das heißt, damit aufzuhören, es ständig wieder und wieder zu versuchen, angespannt und gestreßt von der Angst davor, daß es nicht genügt, oder vom Schmerz, der in der Annahme begründet ist, daß „die anderen besser" seien.

Reduzieren wir diese überbetonte Kontrollfunktion, so lassen wir gleichzeitig das nichturteilende, kreative Bewußtsein der analogen (meist rechten) Gehirnhälfte zu Wort kommen. Dadurch erreichen wir, daß unser Gehirn schließlich als ganzes, ganzheitlich arbeitet. Dazu werde ich weiter unten, in Kapitel 10 (Kommentare), Näheres ausführen. An dieser Stelle mag der Vorschlag genügen, auch die analoge Gehirnhälfte zu Wort kommen zu lassen. Sie hat alles verstanden, sie braucht keine erklärenden Worte. Machen wir es wie unsere Kinder: Die Ganzheit erkennen, uns auf das Körpergefühl verlassen.

Über die Liegende Acht

Das Zeichnen der *Liegenden Acht* hat einerseits praktische Bedeutung, und andererseits ist damit auch eine Symbolik verbunden. Jedesmal wenn wir diese Übung machen, bei der wir die Augen und den ganzen Körper in Bewegung setzen, sind auch die beiden Gehirnhälften aktiv einbezogen. Beide Augen und beide Körperhälften sind aktiv, und wir kreuzen die Mittellinie des Körpers, wobei wir das *Corpus callosum*, den „Balken" des Gehirns aktivieren, der mit seinen 200

Millionen Nervensträngen die Verbindung zwischen der rechten und der linken Gehirnhälfte bildet. Indem wir uns *bewegen*, indem wir das, was wir *fühlen*, *beschreiben* und indem wir *handeln*, benutzen wir das *Corpus callosum* und fördern damit [vor allem in unserer Kindheit] seine Weiterentwicklung.

Wenn wir alle die oben beschriebenen Dinge tun, unterstützen wir die sogenannte Myelinisierung der vielen Nervenstränge im *Corpus callosum*. Dieser Prozeß besteht darin, daß die Nervenstränge einen eigenen Stoff absondern, Myelin, der sich wie eine isolierende Schicht um die Nervenstränge legt; dadurch kann ein Signal leichter von der einen Gehirnhälfte zur anderen übertragen werden, und deren Zusammenarbeit wird besser. Wissenschaftler haben ausgerechnet, daß die „Leitungsgeschwindigkeit" bis zu zweihundertmal höher ist, wenn diese Myelinisierung stattgefunden hat. Dann wird – einfach gesagt – die eine Seite des Körpers immer besser wissen, was die andere tut. Das gilt übrigens nicht nur für die beiden *Körperhälften*, sondern auch für beide *Gehirnhälften*.

Die *Liegende Acht* wird seit vielen Jahrzehnten als Augenübung angewandt. Durch die Bewegung der Augen werden die Sichtfelder des rechten und des linken Auges gleich stark aktiviert, wodurch das Ordnen und Koordinieren der optischen Eindrücke in der Regel leichter fällt.

Fügen wir zu diesen Übungen gleichzeitig eine weitere Aktivierung des „Primären visuellen Zentrums" (im hinteren Teil des Gehirns) und der neurovaskulären Punkte auf der Stirn hinzu, so wird der Effekt der Übungen noch mehr verstärkt. (Diese Aktivierung, die darin besteht, die eine Hand auf den Hinterkopf und die Fingerspitzen der anderen Hand auf die Erhebungen der Stirn zu legen, wurde schon in Kapitel 1 und weiter oben in diesem Kapitel beschrieben.)

Mit dem Halten von Stirn und Hinterkopf bekommen Sie nicht nur die volle Aufmerksamkeit eines anderen Menschen (jemand muß Ihnen ja Stirn und Hinterkopf halten, während Ihre Hände damit beschäftigt sind, die *Gehirnpunkte* zu massieren und die Nabelgegend zu halten, oder damit, die *Liegende Acht* in die Luft zu zeichnen); Sie bekommen auch bewußten Kontakt zu den Gefühlen, die mit einer bestimmten Funktion verbunden sind, nämlich mit derjenigen, die Augen zu bewegen. Dabei können Sie die Streßverursacher in einem noch größeren Umfang unschädlich machen.

Ab und zu werden Sie entdecken, daß Sie plötzlich etwas klar vor sich sehen, daß Ihnen plötzlich ein Licht aufgeht, während Ihnen jemand die Stirnpunkte und den Hinterkopf hält. Das kann natürlich auch dann passieren, wenn Sie es selbst tun. Sie sehen etwas, ein Zusammenhang wird Ihnen klar, Sie erkennen ihn und können ihn zum Teil bearbeiten, wenn Sie die Eindrücke, die Sie durch die Übung gewonnen haben, auch ausdrücken können.

Für die Zukunft können Sie Streßreaktionen durch Lesen oder durch Bewegen der Augen über die Mittellinie hiermit stark vermindern. Vermeiden Sie Streßreaktionen, so können Sie ohne Panik denken und handeln; Sie wissen dann, was Sie tun müssen.

Ein Beispiel

Bei einem meiner Kurse über Pädagogische Kinesiologie war eine Kursteilnehmerin, die am ersten Tag ankam mit Streß auf der Fähigkeit, nach unten zu schauen. Wir lösten diesen Streß auf, korrigierten also die Dysbalance, so daß sie ohne Streß nach unten sehen konnte. Am letzten Tag erzählte diese Teilnehmerin, daß sie vom ersten Tag an die *Gehirnpunkte* und die Nabelgegend gehalten habe, während sie ihren Blick nach unten gerichtet hielt. Zu ihrer großen Überraschung konnte sie nun sitzen und ein Buch lesen, ohne müde zu werden, ohne dabei einzuschlafen. Das allein war schon etwas Erfreuliches, aber es gab noch ein zusätzliches „Aha-Erlebnis". Am letzten Tag kam sie zu mir und sagte: „Als ich die Hochschule besuchte, hatte ich große Probleme zu lesen, ohne dabei einzuschlafen. Ich mußte immer aufstehen und herumgehen, wenn ich meine Aufgaben machte oder wenn ich für das Examen lernen mußte. Ich mußte auch das Buch genau vor das Gesicht halten. Nur so konnte ich mein Pensum lesen, ohne einzuschlafen! Erst jetzt verstehe ich warum, und ich bin glücklich darüber, in diesem Kurs etwas gelernt zu haben, was mein ganzes Leben verändern wird. Tausend Dank!"

Kapitel 3

Vorlesen ohne Mühe

Sie sind vielleicht Mutter oder Vater, Großmutter oder Großvater. Dann hören Sie öfter den Wunsch: „Lies mir bitte eine Geschichte vor!" Vielleicht gehören Sie zu den Menschen, die gerne laut lesen und die das stundenlang tun können. Wenn dies der Fall ist, brauchen Sie die nächste Übung nicht, doch wird sie Ihnen noch ein wenig mehr Energie geben. Es kann aber auch sein, daß Sie – sobald Sie zum Vorlesen aufgefordert werden – das Gefühl haben, daß Sie müde sind. Einerseits wollen Sie gern laut lesen, aber es kommt Ihnen schon vor dem Lesen wie ein unüberwindlicher Berg vor, über den Sie hinüber müssen. Daher ziehen Sie es vor abzulehnen, oder Sie fangen an, und wie so oft bekommen Sie bestätigt: „Im Vorlesen bin ich wirklich nicht so gut." Vielleicht sind Sie noch nicht so weit, daß Sie es sich eingestehen, vielleicht reagieren Sie nur mit einer Mißstimmung oder damit, daß Sie einschlafen, oder auf eine andere Art, so daß Sie nicht mit der Aufgabe anzufangen brauchen. Wie dem auch sei, hier ist eine Übung, die Ihnen helfen wird, wie sie vor Ihnen schon vielen Menschen geholfen hat. Sie hilft übrigens auch, wenn Sie sich bei einer Rede oder Ansage, bei einem Vortrag oder Diskussionsbeitrag auf Ihre Notizen stützen möchten.

Die *Gehirnpunkte* massieren, dazu laut buchstabieren

Vorarbeit: Es ist immer gut, wenn Sie damit anfangen, Ihre Stirnpunkte und Ihren Hinterkopf zu halten, wie es weiter vorne beschrieben wurde. Das ist eine gute Starthilfe.

- Setzen Sie sich auf einen Stuhl oder stellen Sie sich hin, in aufrechter, lockerer Haltung. Spüren Sie Ihre ruhige Atmung, spüren Sie die Fläche, die Sie trägt, Ihren Halt, Ihr Fundament. Sie sollen jetzt *gleichzeitig* die Augenbewegungen machen, die *Gehirnpunkte* massieren, die Nabelgegend halten und sich das Alphabet *laut* vorsagen.

- Ihre Augenbewegungen sollen wie folgt sein: Stellen Sie sich vor, Sie haben ein riesengroßes Zifferblatt genau vor sich, zum Beispiel das Zifferblatt vom Rathausturm in Kopenhagen oder einer anderen Stadt. Während Sie die *Gehirnpunkte* massieren, die andere Hand an den Nabel halten und sich das Alphabet laut vorsagen, bewegen Sie gleichzeitig Ihre Augen in alle Richtungen. Sie fangen damit an, nach vorn zu schauen, das heißt auf die Stelle in der Mitte der Uhr, wo die Zeiger befestigt sind. Von da aus bewegen Sie Ihre Augen hoch zur Zahl 12 und lassen Ihre Augen in einem ruhigen Rhythmus kreisen, genauso wie die Zeiger gehen: von 12 zu 1, zu 2 und zu 3, zu 4 und so weiter, ganz herum, bis Sie wieder die 12 anschauen, und von dort aus gleitet der Blick wieder zur Mitte des Zifferblattes.
  Von dort aus schauen Sie wieder hoch zur 12, und nun lassen Sie Ihren Blick in die entgegengesetzte Richtung kreisen. Massieren Sie weiterhin die *Gehirnpunkte*, halten Sie Ihre Nabelgegend und sagen Sie sich das Alphabet laut vor.

- Wenn Sie schließlich wieder in der Mitte des Zifferblattes angelangt sind, atmen Sie tief ein, lassen Ihre·Hände sinken und atmen aus. Dann wechseln Sie die Hände und wiederholen die ganze Übung, mit den Augenbewegungen und mit dem lauten Vorsagen des Alphabetes. Es ist sehr wichtig, daß Sie den Kopf während der Übung ganz still halten, so daß Sie die Augen wirklich in alle Richtungen drehen und mit den Augenbewegungen die Mittellinie kreuzen.

Machen Sie die Übung immer dann, wenn Sie laut vorlesen sollen, so werden Sie bald eine Wirkung spüren. Die Erfahrung zeigt: Sie werden die Wirkung um so stärker spüren, je dringender Sie diese Übung brauchen (weil lautes Lesen Ihnen Streß bereitet). Eine andere Sache ist, daß Sie eine besonders gute Wirkung verspüren werden, wenn Sie einen Helfer in der Nähe haben, der Ihnen Stirn und Hinterkopf hält, während Sie mit den anderen Übungsteilen beschäftigt sind. Wenn Sie es schwer finden, die Augen im Kreis zu bewegen, während Sie sprechen und massieren, dann können Sie einen Helfer bitten, sich vor Sie hinzustellen und mit seiner Hand große Kreise in die Luft zu zeichnen, die Sie mit Ihrem Blick verfolgen. Denken Sie daran, daß Sie die Augen immer erst im Uhrzeigersinn bewegen!

Entscheiden Sie sich auf alle Fälle dazu, daß während der Übung der gesamte alte Streß, der sich als Folge alter Traumata in Verbindung mit Vorlesen in Ihren Zellen angesammelt hat, aus Ihrem Körper verschwindet, etwa entlang der Wirbelsäule, wie in Kapitel 1 beschrieben („Blitzableiter"). Wenn Sie spüren, daß Sie Ihren Körper von diesem alten Streß befreit haben, dann schließen Sie die Übung damit ab, daß Sie – mit Hilfe Ihres Vorstellungsvermögens und durch Ihre Atmung unterstützt – alle freigewordenen Räume in Ihrem Körper mit Selbstvertrauen füllen, bis Sie vollständig damit ausgefüllt sind. Dann gibt es keinen Platz mehr für Streßreaktionen!

Nachdem das Selbstvertrauen einmal eingezogen ist, geschieht viel Gutes. Eines davon ist, daß Sie Vertrauen darin bekommen, die aktuelle Aufgabe meistern zu können. Ein anderes ist, daß Sie so viel Selbstvertrauen bekommen, daß Sie den Schwierigkeiten ins Auge sehen können, anstatt sie zu verleugnen. Sehen wir den Schwierigkeiten ins Auge, so können wir unser wiedergewonnenes Selbstvertrauen dafür einsetzen, diese Schwierigkeiten zu verringern oder ganz zu überwinden.

Nachdem Sie ein paarmal mit der letzten Version der Übung gearbeitet haben, dann werden Sie entdecken, daß Ihr Vorlesen jetzt viel fließender ist. Selbst wenn es vielleicht nicht ganz so fließend geht, wie Sie es gerne hätten, so werden Sie sich dabei trotzdem besser fühlen, da es Ihnen leichter fällt und da Ihnen bewußt wird, daß Sie so gut lesen, wie es zu dem betreffenden Zeitpunkt überhaupt möglich ist. Sie werden nämlich von einer Menge Streß befreit, der sich bis jetzt in energetischen Blockierungen ausgedrückt hat, und Ihr Selbstvertrauen wird so groß werden, daß Sie Ihr Lesen akzeptieren, wie immer es auch sein mag und wie immer auch andere meinen, daß es sei! Sollten Sie immer noch nicht ganz zufrieden sein, dann werden Sie dadurch, daß nun Erfolg in Sicht ist, genügend Motivation bekommen, um noch mehr zu üben, bis Sie schließlich zufrieden sind.

Sie sind jetzt nämlich freier als vorher, frei, um neue Entschlüsse zu fassen, die Ihnen die Zukunft bringen können, die Sie sich wünschen, auch auf dem Gebiet des Vorlesens!

Anmerkung:
Die eben beschriebene Übung, die Sie vor dem Vorlesen machen sollten, kann ergänzt werden mit den Übungen für ...
– das Bewegen der Augen nach unten (S. 39)
– das Bewegen der Augen von einer Seite zur anderen (S. 41)
– das Bewegen der Augen über die Mittellinie hinweg (S. 42).
Sie können sich übrigens auch – je nach Situation – dafür entscheiden, beim Lesen nicht zu sitzen, sondern auf dem Rücken oder auf dem Bauch zu liegen.

Die Lautleseübung in einer Gruppe

Die Übung für das laute Lesen können Sie auch an andere weitergeben, sowohl an Erwachsene als auch an Kinder, an Einzelpersonen wie auch in einer Gruppe. Sind Sie zum Beispiel Lehrerin einer Schulklasse, so können Sie alle Schüler diese Übung vor jeder Form von lautem Lesen machen lassen. Nach und nach können Sie den Schülern beibringen, von selbst damit anzufangen, also die Verantwortung selbst zu übernehmen.

Sie können die Übung an Familienmitglieder, Freunde und Bekannte weitergeben, wenn Sie mitbekommen, daß sie beim Lautlesen gerne freier wären. Es ist allerdings wichtig, daß Sie nicht glauben, ich wollte Ihnen mit solch einer Übung die Lösung aller Probleme beim Vorlesen garantieren. Das ist nicht meine Absicht. Vielleicht kann die

Übung Ihnen und anderen helfen, über *eine* der sonst unüberwindlichen Hürden zu kommen: die Hürde aus Streß.

Kommentare

Bei einer Übung wie der vorhergehenden ist es wichtig, so viele Gehirnneuronen wie möglich zu aktivieren. Wenn wir das Alphabet laut aufsagen, aktivieren wir die Neuronen, die beim Sprechen gebraucht werden, und wenn wir die Augen bewegen und in alle Richtungen schauen, dann aktivieren wir die Neuronen, die ihre Funktion erfüllen müssen, wenn man eine Buchseite überfliegt. Die Wirkung der Übung ist nach dem bisher bewährten Erklärungsmodell der Kinesiologie darin begründet, daß wir durch das Halten der Nabelgegend das gesamte Energiesystem aktivieren und daß wir gleichzeitig durch das Massieren der *Gehirnpunkte* sämtliche Meridiane erreichen. Durch dieses Aufrechterhalten der Energiebalance während der schwierigen Situation (laut Vorlesen oder Alphabet aufsagen) schaffen wir eine neue Fähigkeit, ein Erfolgserlebnis, eine Bewährungsprobe, einen Präzedenzfall für zukünftige ähnliche Situationen.

Der Körper bekommt Hilfe, während er aktiv mit den Neuronen arbeitet, die mit dem Lautlesen zu tun haben – und daran erinnert er sich! Er trägt aufgrund der Übung eine positive Erinnerung in seiner Gedächtnisbank, und Sie können jederzeit, wann immer Sie es wünschen, diese Erinnerung abrufen.

Mehr über die Fähigkeit des Körpers, sich zu erinnern, finden Sie in Kapitel 6 und 10. Hier will ich nur erwähnen, daß der Körper sowohl tatsächlich geschehene Handlungen als auch Handlungen erinnert, die Sie sich in Ihrer Phantasie vorstellen. Beides wird im Gedächtnis der Zellen aufgehoben und hinterläßt seine Spur. Füttern Sie dieses Gedächtnis mit *positiven* Situationen, Gefühlen und Begebenheiten, dann helfen Sie sich selbst weiter auf dem Weg zu der Fähigkeit, auf eine Aufgabe wie folgt zu reagieren: Ich tue, was ich kann! Oder: Ich kann, ich will, ich traue mich und – ich freue mich!

Sich zu trauen ist ein wichtiger Schritt. Man braucht Mut, um sich zu verändern, denn wenn Sie zeigen, daß Sie trotz all dem, was Sie vorher erlebt haben, dennoch heutzutage in der Lage sind, eine Aufgabe zu lösen, dann müssen Sie damit rechnen, daß Ihr Umfeld mit neuen Aufgaben, Anforderungen usw. an sie herantritt. Sie sollten gleichzeitig wissen, daß Sie, wenn der Streß einmal aus dem Körper genommen ist, jede Aufgabe als positive Herausforderung erleben. Durch Herausforderungen kommen wir weiter, auch in Situationen, in denen wir uns anstrengen müssen; wir sollten nur fähig sein, uns bei diesem Prozeß richtig zu verhalten.

*

Im Rahmen meiner Arbeit teste ich häufig Schüler mit Leseschwierigkeiten. Das Muskeltesten zeigt, daß Vorlesen für viele dieser Kinder ein Streßverursacher ist. (Dies kommt dadurch zum Ausdruck, daß ein Muskel, der sonst „stark" testet, eine Herabsetzung des Tonus erfährt und nachgibt.) Dieselben Schüler reagieren dagegen selten gestreßt, wenn sie gebeten werden, einen Text *rückwärts* laut vorzulesen!

Hierfür kann es verschiedene Ursachen geben, etwa die, daß das Lautlesen, wenn es rückwärts, Wort für Wort erfolgt, nicht die Forderung nach Verstehen des Sinns erfüllen muß, oder die, daß manche Menschen nach Erkenntnissen einiger Wissenschaftler besser von rechts nach links als von links nach rechts lesen können. (Literaturverzeichnis: Nr. 10) Aus der Sicht des *One-Brain*-Systems liegt es jedoch vor allem daran, daß das Lautlesen von rechts nach links nicht mit emotionalem Streß verbunden ist, da der Schüler in der Regel noch nie zuvor diese Aufgabe gestellt bekommen und daher noch nie eine Niederlage in Verbindung mit dieser Art zu lesen erlebt hat. Bei diesem Test erleben die Schüler oft zum ersten Mal, daß sie lesen können. Für sie ist das wie ein Blick in eine ganz neue Welt!

Was wir zusätzlich tun können, um Problemen bei Kindern vorzubeugen

Wir können viel dazu beitragen, daß negativer emotionaler Streß bei unseren Kindern gar nicht erst entsteht. Wir können den Kindern von Anfang an beibringen, …

- daß manche Kinder mit sechs Jahren zum Lesenlernen bereit sind, andere erst mit sieben, acht, neun oder zehn Jahren, und daß das alles normal ist.
- daß einige Kinder etwas mehr Zeit als andere brauchen, um ihre Sinneseindrücke zu integrieren (das heißt, daß sie die Sinneseindrücke, die sie mit Augen, Ohren und Händen getrennt aufnehmen, zu einem Ganzen vereinigen). Auch das ist normal. Es kann unter anderem in den jeweiligen „Dominanzprofilen" begründet sein. (Vertiefende Literatur dazu: C. Hannaford)

Wir können ihnen auch die Zeit geben, die sie brauchen:

- Zeit, um die vielen Sinneseindrücke zu einem Ganzen zu verarbeiten.
- Zeit, um die Eindrücke, die sie bekommen haben, auszudrücken.
- Wir können ihnen mehr von *unserer* Zeit schenken!
- Wir können ihnen die Möglichkeit geben, sich zu *bewegen*, zu handeln, aktiv mit Dingen und Sachverhalten umzugehen.

Wir können, soweit wie es uns möglich ist, sowohl Schmerz und Furcht als auch Furcht vor Schmerz aus ihrem Dasein entfernen, das heißt, die negativen Streßverursacher entfernen und damit Streßreaktionen verhindern. (Die Streßreaktionen lassen sozusagen die Klappe zwischen den verschiedenen Teilen des Gehirns heruntergehen, so daß sie ihr Potential nicht voll ausnutzen können.) Dazu können wir unter anderem die Übungen anwenden, die in diesem Buch beschrieben sind.

Tun wir all das, so geben wir ihnen auch die Möglichkeit, zu wählen und sich für das zu entscheiden, was ihre Wünsche erfüllt, auch im Bereich des Lesens.

*

Bevor die Zeit für das Lesenlernen gekommen ist, sollten Sie – oder andere – Ihrem Kind oder Ihren Kindern laut vorlesen, um ihnen Erlebnisse aus der Welt der Bücher zu vermitteln.

Für Lehrer ist es äußerst wichtig, beim Lesenlernen herauszuhören, was das leichteste und was das schwerste für ihre Schüler ist, im Hinblick auf den Lernprozeß. Ihr Unterricht sollte meiner Meinung nach immer darauf ausgerichtet sein, daß er „Gewinner" hervorbringt. Ausgangspunkt sollte sein, daß die Kinder erleben, daß sie etwas können. Haben sie sich dieses Erlebnis erst einmal auf bewußter, unterbewußter und körperlicher Ebene einkodiert, dann werden sie auch den Mut dazu haben, mit *den* Dingen anzufangen, die ihnen schwerfallen.

∗

Ich erlaube mir, über diese Dinge zu schreiben, weil wir bei unserer Arbeit mit der Pädagogischen Kinesiologie täglich Kinder und auch Erwachsene sehen, die unendlich viele Schultage angefüllt mit Erlebnissen wie „Ich kann nicht ..." oder „Alle anderen können ..." hinter sich haben. Das sind Kinder, die nur falsch angefangen haben und die durch das kinesiologische Muskeltesten eine Erklärung für ihre Schwierigkeiten bekommen. Plötzlich stellen sie fest: „Ich bin also gar nicht dumm. Mein Gehirn braucht bloß etwas Zeit, um das Ganze sammeln zu können. Es liegt also nur an der Energie, die vom Streß gestoppt wurde!" Welche Erleichterung, welch herrliches Erlebnis!

Wenn wir den kleinen – oder großen – Menschen getestet haben, wenn wir ihm durch Übungen und anderes dazu verholfen haben, den jahrelang anhaltenden emotionalen Streß loszuwerden, dann fließen die Energien wieder, und der Betreffende ist „klar im Kopf" für den Unterricht. Dann geht es nur noch darum, die Unterrichtsmethoden und -mittel zu finden, die dem aktuellen Niveau des Schülers entsprechen. Die kinesiologischen Übungen, von denen Sie nun schon einige gelernt haben, werden diesen Prozeß unterstützen.

Lassen Sie uns nun weitergehen und sehen, was Sie noch für sich – und für andere – tun können.

Kapitel 4

Verstehen, was man liest

Diese Situation kennen Sie vielleicht noch besser als die anderen, die ich beschrieben habe: Sie lesen, aber es fällt Ihnen schwer, das, was Sie lesen, zu verstehen und zu erinnern. Sie versuchen es sehr angestrengt, aber dabei kommen Sie vielleicht immer mehr durcheinander. Und wenn Sie jetzt auch nur daran denken, empfinden Sie vielleicht schon die Gefühle, die Sie in einer solchen Situation haben. Die nachfolgend beschriebene „Cook-Übung" bringt Ruhe in Ihren Körper, Ruhe und Gleichgewicht. Sie ist hilfreich zum Verstehen des Gelesenen, und sie kann außerdem in vielen anderen Situationen angewandt werden, wenn Sie eine ruhigere Energie in Ihrem Körper haben möchten. Sie hilft Ihnen, Ihren Streß loszulassen und übertriebene Kontrolle auszuschalten.

Die *Cook-Übung* – alleine

- Ziehen Sie Ihre Schuhe aus.
- Setzen Sie sich auf einen Stuhl oder auf den Rand eines niedrigen Tisches.
- Sitzen Sie wie gewöhnlich in aufrechter und lockerer, ausgeglichener Sitzhaltung.
- Sind Sie Rechtshänder, das heißt, schreiben Sie mit der rechten Hand, dann halten Sie mit der rechten Hand Ihr linkes Bein gerade über dem Fußgelenk, und das Fußgelenk liegt genau über dem Kniegelenk auf dem Oberschenkel des rechten Beines.
- Gleichzeitig umfassen Sie mit der linken Hand den vorderen Teil Ihres linken Fußes so, daß Sie soviel wie möglich von der Ober-

und der Unterseite des vorderen Teils des Fußes berühren. Legen Sie dazu Ihre Handfläche an die Fußsohle, decken Sie die größtmögliche Fläche ab und umgreifen Sie mit den Fingern noch möglichst viel von der Fußoberseite. (Sind Sie Linkshänder, dann tun Sie das gleiche spiegelverkehrt.)

- Sitzen Sie eine Minute lang in dieser Stellung, während Sie ruhig ein- und ausatmen. Bei jedem Einatmen legen Sie die Zungenspitze gegen den Gaumen, genau hinter den Vorderzähnen, und bei jedem Ausatmen lassen Sie die Zunge wieder entspannt in die Mundhöhle sinken.
- Spüren Sie, wie die Ruhe sich in Ihrem Körper ausbreitet.

Wenn Sie eine Minute so gesessen haben, können Sie die Beinstellung wechseln, ein wenig so sitzenbleiben und dann wieder zur ersten Kombination zurückkehren, oder Sie können folgendermaßen weitermachen:

- Bleiben Sie aufrecht und locker sitzen, aber diesmal mit beiden Füßen auf dem Boden. Führen Sie Ihre Hände vor der Mitte Ihres Körpers zusammen, und zwar so, daß Sie Ihre Fingerspitzen leicht gegeneinanderdrücken. Halten Sie die Hände in Höhe des Herzens. (Besonders ältere Menschen haben Sie sicherlich schon oft so sitzen sehen, wenn sie sich „sammeln" wollten; es ist also nichts Neues an dieser Übung, außer der Tatsache, daß sie in einem bestimmten Zusammenhang eingesetzt wird!)
- Setzen Sie Ihre Atmung eine Minute fort, wie vorher beschrieben, und fühlen Sie noch mehr Ruhe in Ihrem Körper und Ihren Gedanken.

Trennen Sie zum Abschluß die Hände voneinander, während Sie ruhig und tief einatmen. Atmen Sie danach tief aus.

*

Wenn Sie diese Übung öfter machen, werden Sie bald größere Ruhe und besseres Gleichgewicht in Körper und Seele spüren. Ich habe gute Erfahrungen damit gemacht, wenn ich sie am Anfang einer Zusammenkunft angewandt habe, zu der ich vielleicht nur unter Streß rechtzeitig kommen konnte. Wenden Sie sie weiterhin an, so werden Sie

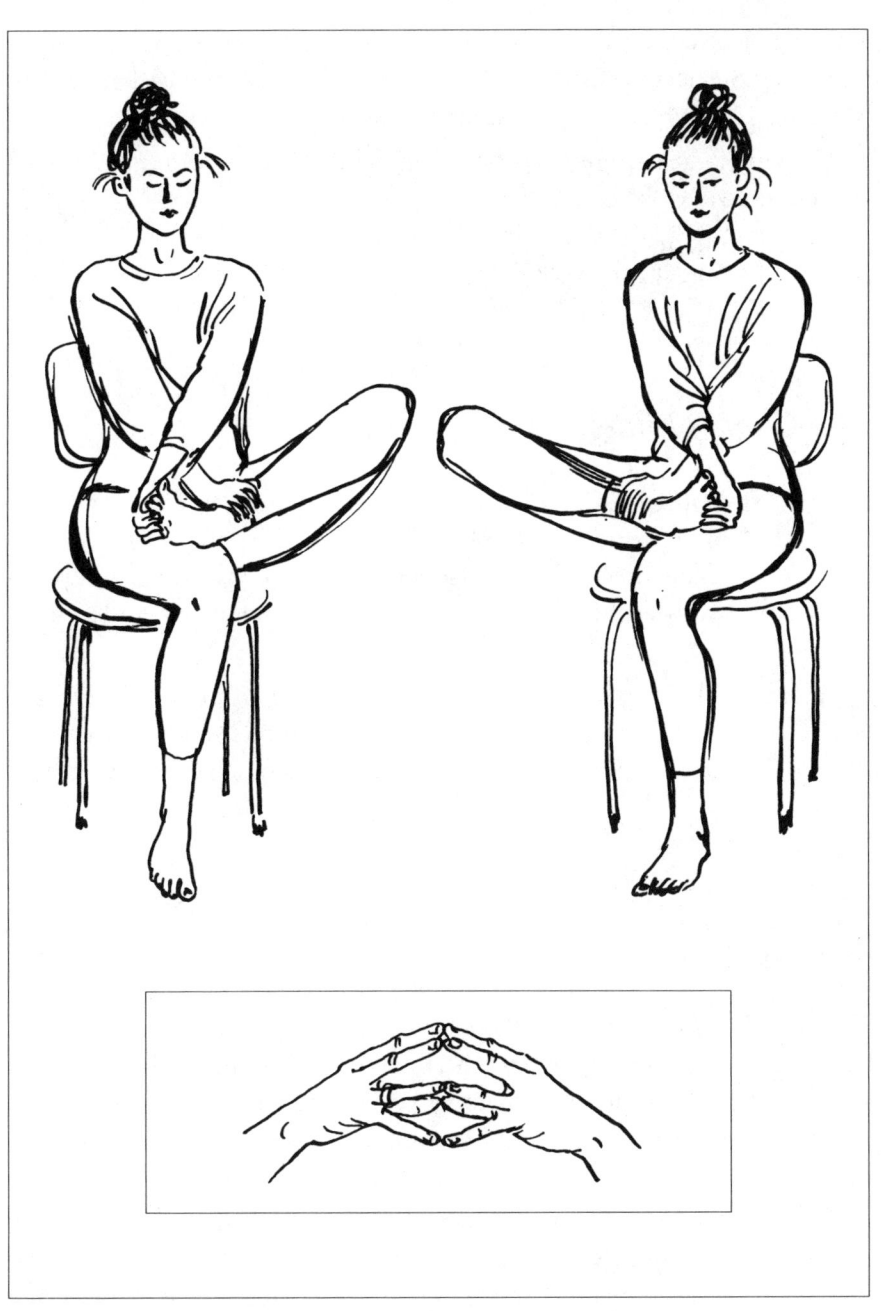

Abbildung 5: Die *Cook-Übung*

merken, daß nicht nur Sie Freude daran haben, sondern auch die Menschen um Sie herum. Ihre Ruhe wird sich in den meisten Fällen auf den Rest der Gruppe auswirken, so daß auch sie ruhiger wird.

Verändern wir einen einzelnen Teil eines Ganzen, dann sieht auch das Ganze anders aus, es fühlt sich anders an.

Vielleicht kann die Veränderung, die in *Ihnen* vorgeht, das Ganze in eine positive Richtung verändern.

Die *Cook-Übung* in einer Gruppe

Meine Erfahrung ist, daß die meisten Menschen, sowohl Erwachsene als auch Kinder, eine unmittelbare Ruhe in Körper und Gedanken spüren, wenn sie diese Übung machen. Wenn Sie mit der Übung vertraut sind, können Sie daher ruhig damit anfangen, sie anderen zu zeigen.

In einer Schulklasse ist sie besonders dann zu empfehlen, wenn Sie etwas mitteilen oder eine Geschichte erzählen wollen. Sie werden feststellen, daß bei einigen aufgeregten Gemütern schnell eine angenehme Ruhe eintritt!

Kommentare

Die *Cook-Übung*, benannt nach ihrem „Erfinder" Wayne Cook, stützt das Meridiangleichgewicht. Das heißt, sie hilft, die Energien entlang der Meridiane so strömen zu lassen, wie sie von Natur aus strömen. Diese Verbesserung des Energiestroms kann mit Hilfe des Muskeltestens (*vor* und *nach* der Übung) gezeigt werden.

Das heißt aber nicht, daß man die Übung erst dann machen sollte, nachdem per Muskeltest festgestellt wurde, daß man sie braucht. Sie hat in jedem Fall eine unterstützende und vorbeugende Wirkung. Alle können Freude daran haben, und sie schadet keinem. Die meisten

Menschen berichten, daß sie das Gelesene *besser* erinnern können, nachdem sie die Übung *gemacht* haben, als dann, wenn sie sie nicht gemacht haben. Im großen und ganzen kann sie nur positiven Einfluß auf unser hektisches Leben haben, einen Einfluß, der vielleicht auf lange Sicht bewirkt, daß wir unser Leben weniger hektisch gestalten. So können wir immer mehr in der Gegenwart leben und werden die Übung immer weniger brauchen!

Kapitel 5

Schauen, wohin man will

In den vorigen Kapiteln haben wir uns schon ein wenig mit den Aufgaben der Augen beschäftigt, und Sie haben bereits einige Augenübungen gemacht, etwa die *Liegende Acht* und die Übungen, bei denen Sie nach unten schauen und entweder Ihre *Augenpunkte* am Hinterkopf oder die *Gehirnpunkte* massieren, während Sie mit der anderen Hand die Nabelgegend halten.

Diese beiden Massageübungen können Sie auch machen, während Sie *in alle anderen Richtungen schauen*. So können Sie Streßreaktionen in Verbindung mit diesen verschiedenen Augenpositionen vermeiden. Mit ein wenig Übung darin, in Ihren Körper hineinzuhorchen, werden Sie bald selbst herausbekommen, welche der beiden Übungen zum besten Resultat führt. Meistens habe ich mehr davon, die *Augenpunkte* am Hinterkopf zu massieren; ab und zu merke ich jedoch, daß ich auch die vorderen Punkte massieren muß. Hier also die neue Übungsvariante:

Der *Augenstern* – alleine

Massieren Sie Ihre *Augenpunkte* (am Hinterkopf) *oder* die *Gehirnpunkte* (bei gleichzeitigem Halten der Nabelgegend), und bringen Sie dabei Ihre Augen in folgende Positionen:

- Schauen Sie geradeaus.
- Schauen Sie nach oben.
- Schauen Sie nach unten.
- Schauen Sie nach rechts.

- Schauen Sie nach links.
- Schauen Sie nach oben rechts.
- Schauen Sie nach unten links.
- Schauen Sie nach oben links.
- Schauen Sie nach unten rechts.

Die Reihenfolge ist gleichgültig. Wichtig ist, daß Sie alle Positionen berücksichtigen, und falls Sie *Gehirnpunkte* massieren wollen, dann tun Sie es sowohl mit der linken als auch mit der rechten Hand. Die Augen sollten jede Position eine halbe Minute lang einnehmen, oder so lange, wie Sie es als angenehm empfinden.

Beachten Sie: Es ist vorteilhaft, wenn man diese beiden Übungsvarianten erst mit offenen und dann mit geschlossenen Augen macht. Beim Üben mit *offenen* Augen stärken Sie direkt diese Sinnesfunktion. Beim Üben mit geschlossenen Augen aktivieren Sie mit den verschiedenen Augenstellungen gleichzeitig auch die damit assoziierten Gehirnfunktionen, zum Beispiel für bildhaftes Erinnern (links oben), Körperempfindungen (rechts unten), inneren Dialog (links unten). [Literaturempfehlung zu diesem Modell aus dem NLP: O'Connor, S. 71] Da Sie diese Funktionen gleichzeitig entstressen, kommen Sie vielleicht schon während der Übung auf neue Ideen, Sichtweisen oder hilfreiche Erinnerungen.

Anmerkung

Machen Sie diese Übungen am Anfang sehr behutsam. Falls Sie bei der einen oder anderen Augenposition eine größere Blockade oder Dysbalance haben, könnte es sein, daß Ihnen bei den ersten Übungsdurchgängen etwas schwindelig wird. Doch gibt sich dies mit der Zeit. Sie können zusätzlich etwas Gutes für sich tun, indem Sie Ihre Stirnpunkte und den Hinterkopf halten und gleichzeitig ruhig atmen. Dadurch wird ein eventuelles Unwohlsein nach und nach verschwinden. Es hilft auch, zusätzlich ein Glas *Wasser* zu trinken. Wenn Sie Lust haben, können Sie an den darauffolgenden Tagen ruhig mit der Übung weitermachen. Achten Sie aber auf Ihre eigene „Schwelle", und überschreiten Sie sie nicht.

Der *Augenstern* in einer Gruppe

Unser Alltag stellt hohe Ansprüche an die Augen – es lohnt sich also, gut zu ihnen zu sein. Dann „funktionieren" sie besser, und Sie selbst auch.

Erzählen Sie Ihrer Familie, Ihren Freunden, Ihren Kollegen oder Schülern von den Übungen. Zeigen Sie ihnen auch, wo sich die *Gehirnpunkte* und die *Augenpunkte* (am Hinterkopf) befinden. Wenn Sie mit den Übungen fertig sind, wäre es gut, folgendermaßen abzuschließen:

- Bleibt auf euren Stühlen sitzen, aufrecht und locker.
- Reibt eure Handflächen gut gegeneinander.
- Legt die warmen Handflächen wie ein Paar Schalen über eure offenen Augen, so daß eure Augen nur ein Samtschwarz, eine weiche Dunkelheit sehen.
- Laßt eure Augen diese weiche Wärme „trinken" und dabei Ruhe und gute Energie aufnehmen.
- Wiederholt die Übung, bis ihr mehr Klarheit und Frische in euren Augen und um eure Augen herum spürt.

So können Sie natürlich auch abschließen, wenn Sie die Übung alleine machen. Sie werden bald feststellen, daß dieser Abschluß eine wertvolle Ergänzung zu den Augenübungen ist.

Kommentare

Augenübungen gab es schon lange, bevor man die Kinesiologie entwickelt hat. Die Chinesen haben schon seit Jahrhunderten Augenübungen gemacht, und sie machen auch heute noch spezielle Übungen, um Augenkatarrh, Kurzsichtigkeit und anderes zu verhindern. Diese Übungen sind jedoch etwas anders als die hier beschriebenen.

Auch in der westlichen Welt sind bereits einige Bücher über die Augen und über Augenübungen geschrieben worden. [Literaturempfehlung: J. Goodrich] Diese Übungen ähneln mehr denen, die ich hier beschrieben habe, jedoch mit einem großen Unterschied: In der Kinesiologie beziehen wir die *Meridianenergie* mit ein.

Das besondere an den Übungen, mit denen Sie in der Pädagogischen Kinesiologie zu arbeiten lernen, ist nämlich, daß Sie Meridianpunkte oder Reflexpunkte aktivieren, während Sie Ihre Augen bewegen. Damit erreichen Sie zweierlei: Teils verstärken Sie den Effekt der Übung, und teils werden Sie einiges an emotionalem Streß von früher los, den Sie bis jetzt mit sich herumgeschleppt haben. Ein weitergehender Effekt also, verglichen mit dem Effekt der schon anderswo erwähnten Augenübungen.

∗

Auch hier möchte ich betonen, daß es besonders gut ist, die Übungen zu zweit oder zu mehreren zu machen. Zum einen haben Sie jemanden, mit dem Sie über Ihre Erlebnisse und Reaktionen reden können, zum anderen kann Ihnen Ihr Partner dazu verhelfen, eine noch tiefergehende Wirkung der Übungen zu erzielen, indem er Ihre Stirn und Ihren Hinterkopf hält, während Sie die Augen in den unterschiedlichen Positionen halten und gleichzeitig die diesen entsprechenden Punkte massieren. Sollten Sie bei einer bestimmten Augenposition ein Unbehagen verspüren, dann kann es sein, daß derjenige, der Ihre Stirnpunkte und Ihren Hinterkopf hält, Ihnen auch helfen kann, in Kontakt mit dem Erlebnis zu kommen, das vielleicht vor langer Zeit so unbehaglich war, daß es eine Streßreaktion in Ihrem Körper erzeugte. Alle unsere emotionalen Streßreaktionen bedeuten eigentlich Kampf oder Flucht. Sie entstehen – wie erwähnt – als Folge dessen, daß ein Streßverursacher Schmerz oder Furcht oder Furcht vor Schmerz auslöst. Das gesamte Alarmsystem des Körpers tritt in Aktion: das Nervensystem, die hormonproduzierenden Drüsen und vieles mehr. Das wird dann höchstwahrscheinlich nur beim ersten Erinnern an den vergangenen Streß passieren, aber es setzt sich in den seltensten Fällen fort. Das gesamte Immunsystem wird durch die Streßreaktion belastet, solange sie wiederkehrt. Das alte, streßbesetzte Muster muß durchbrochen werden, aber das kann erst geschehen, wenn Sie sowohl die Art und Form des Streßverursachers erkennen als auch Ihre Reaktionen darauf. Wenn das geklärt ist, können Sie sich bewußt dafür entscheiden, den Streßverursacher unschädlich zu machen (zum Beispiel mit dieser Übung), die Streßreaktionen sozusagen aus dem Register Ihres Autopiloten beseitigen und selbst das Steuer übernehmen.

Um die Wirkung dieser Übung zu erklären, kann man folgendes Modell zu Hilfe nehmen: Das Halten von Stirn und Hinterkopf regt die Durchblutung des Vorderhirns bzw. des Hinterhirns an. Beide Gehirnzonen werden also gleichzeitig aktiviert; damit wird das Zusammenspiel ihrer jeweiligen Funktionen gefördert: rationales Denken und emotionaler Selbstschutz. Da mit der gleichen Handhaltung sowohl die linke wie auch die rechte Kopfseite berührt („verklammert") werden, stimuliert man auch das Zusammenspiel von rechter und linker Gehirnhälfte. Das Resultat ist die erwünschte Integration der Funktionen aller Gehirnteile. Um beim Beispiel der Augenbewegungen zu bleiben: Nachdem die Streßursache beseitigt ist, können Sie in alle Richtungen frei sehen, ohne müde zu werden, ohne nervös zu werden, ohne einen Kloß im Hals zu spüren, ohne sich unwohl zu fühlen, kurz gesagt: ohne all die psychosomatischen Reaktionen, die Sie vielleicht aus Ihrem Alltag kennen.

Kapitel 6

Klar sehen, nah und fern

In diesem Kapitel lernen Sie, noch mehr mit Ihren Augen, mit Ihren Sehfunktionen zu arbeiten. Diesmal handelt es sich nicht um Augenpositionen, sondern um Augen*bewegungen*; es geht um die Fähigkeit, zu wechseln zwischen dem Sehen auf einen Gegenstand nahe vor Ihnen und dem Sehen auf einen weit entfernten Gegenstand.

Es kann sein, daß Ihre Augen perfekt funktionieren und daß Sie ohne Probleme auf Gegenstände nahe vor sich und weit entfernt von sich schauen können. Möglicherweise können Sie auch ohne die geringste Anstrengung wechseln zwischen dem Lesen in einer Zeitung und dem Blick auf den Fernsehapparat. Wenn das so ist, besteht bei Ihnen kein akuter Bedarf an dieser Übung, aber sie kann Ihnen trotzdem vorbeugend von Nutzen sein. Wer möchte nicht gerne möglichst lange ohne Brille auskommen?

Vielleicht gehören Sie aber zu *den* Menschen, die das Alter erreicht haben, in dem es immer mühevoller wird, den Blick vom Buch weg in den Raum und wieder zurück auf das Buch zu richten. Sie überlegen vielleicht schon, ob Sie eine Brille brauchen, oder Sie wünschen sich, Ihre Arme wären länger ..., damit Sie Gegenstände weiter von Ihren Augen weg halten können. Oder vielleicht ist genau das Gegenteil der Fall: Sie wünschen sich, daß es nicht nötig wäre, immer so nah an die Dinge heranzugehen, die Sie gerne sehen möchten!

Der *Nah-fern-Schwung* – alleine

Bei der hier vorgestellten Übung, dem „Nah-fern-Schwung", sollen Sie wieder Ihre *Augenpunkte* am Hinterkopf *oder* die *Gehirnpunkte* massieren, während Sie die andere Hand an den Nabel halten. Während Sie das tun, schauen Sie abwechselnd auf zwei verschiedene Dinge: eines, das weit von Ihnen entfernt ist, und eines, das nahe vor Ihnen ist, zum Beispiel in Leseabstand.

Ich selbst massiere meine *Augenpunkte*, während ich im üblichen Leseabstand auf einen Text schaue; ich schaue darauf, bis ich die Buchstaben scharf sehe. Danach schaue ich im Raum umher, zum Beispiel auf Buchrücken im Regal oder ähnliches. Ich richte erst dann wieder den Blick auf den Text in Leseabstand, wenn ich die Buchstaben auf den Buchrücken scharf gesehen habe.

Machen Sie es genauso und achten Sie darauf, daß Sie Ihren Text scharf sehen, bevor Sie die Blickrichtung wechseln. Vielleicht müssen Sie den Abstand etwas verändern, damit es Ihnen gelingt. Finden Sie das selbst heraus!

Sie können diese Übung als einzelne durchführen oder zusammen mit den eben erwähnten Übungen. Entscheiden Sie selbst, was Sie brauchen. Hören Sie auf Ihren Körper!

*

Zur Vervollständigung will ich noch hinzufügen, daß Sie die gleiche Übung auch mit den Augenbewegungen von einer Seite zur anderen oder von oben nach unten machen können. Wir alle müssen ständig die Augen ohne Streß von links nach rechts bewegen können, von unten nach oben, von der Nähe in die Weite, sei es, wenn wir lesen, wenn wir mit anderen zusammen sind, im Straßenverkehr usw.

Der *Nah-fern-Schwung* in einer Gruppe

Beim folgenden Beispiel gehe ich wieder davon aus, daß Sie Lehrerin sind und daß Sie eine Unterrichtsstunde mit Ihrer Schulklasse anfangen wollen. Ich setze auch voraus, daß es in dieser Stunde wiederholt Situationen geben wird, bei denen die Schüler wechselweise in ihr Buch und auf die Tafel schauen sollen: von nah zu fern und wieder zurück. Sagen Sie zu Ihren Schülern am Anfang der Stunde etwa folgendes:

- „In dieser Stunde werde ich etwas durchgehen, was auf der Tafel steht und was ihr auch durch Lesen in euren Büchern oder Heften, die ihr vor euch auf dem Tisch liegen habt, mitverfolgen sollt. Um euch das abwechselnde Lesen an der Tafel und im Buch zu erleichtern, schlage ich euch eine Augenübung vor: den *Nah-fern-Schwung*.

(Es wäre gut, wenn die Schüler gerade in dieser Stunde die Stirnpunkte und den Hinterkopf hielten, *während* Sie ihnen die Übung vorstellen.)

- Ihr sollt mit aufrechter, aber lockerer Haltung auf euren Stühlen sitzen.

- Massiert dann eure *Augenpunkte* am Hinterkopf, während ihr abwechselnd auf den Text in eurem Buch und dann auf das schaut, was ich an die Tafel geschrieben habe. Jedesmal, wenn ihr in euer Buch schaut, sollt ihr den Blick dort ruhen lassen, bis ihr findet, daß alle Buchstaben scharf sind, und jedesmal, wenn ihr auf die Tafel schaut, sollt ihr den Blick auch dort verweilen lassen, bis ihr die Wörter klar und deutlich sehen könnt."

(In diesem Zusammenhang ist es das beste, dafür zu sorgen, daß die Schüler ihre Bücher *schräg* auf der Tischfläche liegen haben. Das kann zum Beispiel dadurch erreicht werden, daß man die Oberkante des Buches auf ein anderes Buch, auf ein Schreibetui oder ähnliches legt.)

- „Schaut so lange abwechselnd auf Tafel und Buch, bis ich sage, ihr sollt damit aufhören. Das wird ungefähr eine Minute dauern.

- Hinterher können wir darüber sprechen, inwieweit einige von euch finden, daß es schwierig ist, von eurem Sitzplatz aus deutlich zu sehen."

Nach ungefähr einer Minute machen Sie folgendermaßen weiter:

- „Nehmt nun die Hände von den Augenpunkten, nachdem ihr tief eingeatmet habt. Atmet genauso tief wieder aus. Reibt jetzt eure Hände gegeneinander, so daß sie richtig schön warm werden, und legt sie dann wie zwei kleine Schalen auf eure Augen. Die Augen sollen dabei offen sein, damit ihr die Wärme spüren könnt, die von euren Handflächen in eure Augen strömt, um euch nach der Übung Ruhe zu geben. Wenn ihr keine Wärme mehr in den Händen habt, reibt sie wieder gegeneinander und legt sie wieder auf eure Augen."

Wenn Ihre Schüler fertig sind, können Sie folgendes sagen:

- „Schließt mit einem tiefen Ein- und Ausatmen. Wenn Ihr eure Hände wegnehmt, so achtet darauf, ob sich eure Augen anders anfühlen als sonst, wenn ihr von eurem Buch zu mir und wieder zurück in euer Buch schaut."

Wenn Sie mit der Übung fertig sind, dann sind Ihre Schüler „klar im Kopf", um dem zu folgen, was Sie mit ihnen durchgehen wollen – jedenfalls in bezug auf die Augenfunktionen. Wenn es ihnen an Konzentration oder der Fähigkeit zuzuhören mangelt, so lesen Sie in den nächsten beiden Kapitel nach, in denen wir diese Funktionen anschauen werden.

Kommentare

Abwechselnd nah und fern lesen zu können hängt nicht nur mit der Akkomodationsfähigkeit der Augen zusammen [das heißt mit ihrer Anpassungsfähigkeit in bezug auf die Einstellung der Sehschärfe]. Es hängt auch mit dem zusammen, was wir früher in Verbindung mit dem Wechsel zwischen nah und fern *erlebt* haben, und auch damit, wie wir unser Dasein *sehen*. Sind wir weitsichtig oder sehen wir nur die Dinge in unmittelbarer Nähe?

Irgendwann einmal, vor kürzerer oder längerer Zeit, haben Sie vielleicht die Situation erlebt, daß Sie in Ruhe und Frieden ein gutes Buch lasen. Sie waren streßfrei, Ihnen ging es gut, Sie fühlten sich wohl. Plötzlich passierte etwas, das Sie dazu veranlaßte, Ihren Blick vom Buch zu heben und nach oben zu schauen. Irgendwo an einer entfernteren Stelle in Ihrem Blickfeld, das heißt in größerem Abstand, geschah etwas, das Sie erschreckte. Sie bekamen Angst, und Ihr Körper machte sich wie automatisch für Kampf oder Flucht bereit.

Ihr Körper erinnert sich noch daran, auch wenn das vielleicht vor vielen Jahren passiert ist. Wir können sagen: Es sitzt in Ihrem „zellulären Gedächtnis" fest, und seitdem tritt in Ihrem Körper automatisch die gleiche Streßreaktion auf, wenn Sie die Augen von nah auf fern umstellen müssen! Sie fühlen einen Kloß im Hals, Sie haben Herzklopfen, einen Knoten im Magen oder was es auch immer sein mag, und gleichzeitig leidet Ihre Sinnesfunktion darunter.

Eine Augenübung wie die hier beschriebene wird dazu beitragen, den Streß von der Funktion zu trennen, und wird damit die angelernte Programmierung der Zellen ändern. Sprechen Sie während der Übung entspannt und ruhig aus, wie schön es ist, daß die Augen diese beiden Einstellungen annehmen. Sagen Sie Ihren Schülern auch: „So könnt ihr eurem Körper und eurem Gehirn helfen, die unangenehmen Dinge loszulassen, die ihr eventuell irgendwann vorher gesehen habt. Damit es gut klappt, ist es wichtig, daß ihr ruhig atmet, während Ihr eure *Augenpunkte* massiert."

So können wir alte Streßverursacher in größtmöglichem Umfang unschädlich machen und auch Dinge behandeln wie Überblick und Weitsicht (im übertragenen Sinne) und die Fähigkeit, Dinge von nahem zu betrachten, oder die Tatsache, daß man sich an den Dingen festhält, die einem nahe sind. So können wir mit einer einzigen Übung sehr weitreichende Wirkungen erzielen. Das mag Ihnen noch nicht ganz nachvollziehbar erscheinen, und deshalb möchte ich hier einmal näher auf die Wirkungen der Übungen eingehen.

Wunder, (Aber-)Glaube oder nur eine ganz einfache Methode?

Man könnte zu dem Schluß kommen, ich würde meinen, mit den Übungen der Pädagogischen Kinesiologie / *One Brain* könnten Wunder bewirkt werden und ich hätte den Stein der Weisen gefunden. Dazu möchte ich sagen, daß bei dieser Arbeit sicherlich viele Dinge passieren, die uns als wunderbar erscheinen können – ohne daß ich der Meinung bin, daß diese Dinge nur mit Hilfe meiner Methode möglich seien. Was den Stein der Weisen angeht, so meine ich ganz bestimmt nicht, daß die Pädagogische Kinesiologie ein solcher ist; allerdings bin ich davon überzeugt, daß es eine sehr wertvolle Methode ist. Wenn wir sie anwenden, wie es hier beschrieben ist, dann können wir einige Knoten auflösen, und wir können ein paar Steine aus unserem Weg räumen. Und was noch besser ist: Wir können dazu beitragen, daß uns solche Knoten und Steine gar nicht erst behindern! Leicht, einfach und sehr sanft!

In mehr als acht Jahren Arbeit mit dieser Methode habe ich gesehen, wie die Schüler, sowohl Erwachsene als auch Kinder, ungewöhnliche Fortschritte gemacht haben, zum Beispiel beim Lesen und Buchstabieren. (Literaturverzeichnis Nr. 5 und 12) Ich habe es selbst gesehen und auch von Lehrern gehört, wie sie mit ihren ganz normalen Schülern in den ganz normalen Klassen erleben, daß Aufgaben verschiedenster Art leichter und schneller zu lösen sind, wenn sie diese leichten Übungen gemacht haben – schneller als ohne Übungen.

Ich beschäftige mich schon seit langem mit Körper und Bewegung, ich habe mit motorischem Training, mit motorisch-perzeptorischer Entwicklungsförderung sowie mit motorischer Förderung und Lesenlernen gearbeitet, und ich habe viele verschiedene Methoden benutzt. Für mich gibt es keinen Zweifel daran: In der Pädagogischen Kinesiologie / *One Brain* habe ich eine Methodik gefunden, die aufgrund ihres Aufbaus und ihrer Grundlage in kürzerer Zeit einen größeren Effekt erzielt als die anderen mir bekannten Methoden. Das heißt, sie kann schneller Blockaden beseitigen und Energie freisetzen als jede andere mir bekannte Methode, so daß die Betroffenen in der

Lage sind zu lernen, weiterzukommen. Und hier kommt die Zusammenarbeit ins Spiel, die Zusammenarbeit mit den übrigen Menschen, die sich im Netzwerk um die betreffende Person befinden, egal ob Erwachsener oder Kind. Ich erwähne hier die Notwendigkeit dieser Zusammenarbeit, ohne an dieser Stelle weiter darauf einzugehen. Ein Beispiel will ich jedoch anführen: Einem Kind, das sich mit Lesen schwertut, kann mit Hilfe des kinesiologischen Testens und Balancierens eine grundlegende Lernfähigkeit vermittelt werden, die Voraussetzung für das Lesenlernen ist; doch darüber hinaus bedarf es einer wirksamen *Unterrichtsmethode*, damit das Kind auch tatsächlich lesen lernt und ein guter Leser wird.

Manchmal darf man es wohl als ein kleines Wunder betrachten, wenn ein verzagter Mensch ohne viel Selbstvertrauen zu einem Menschen wird, der an sich glaubt und der die Verantwortung für seine eigene Situation in immer größerem Umfang selbst übernimmt. Ich habe viele dieser „Wunder" erlebt, ich sehe sie fast täglich, auch solche, die bewirken, daß „Sonderunterricht nicht mehr notwendig" ist oder daß es „nun doch nicht erforderlich ist, mit Förderunterricht anzufangen". Es kann auch passieren, daß ein Schüler, dessen Noten bisher ziemlich „schlecht" waren, plötzlich entgegen allen Erwartungen sehr gut vorwärtskommt.

Das Beste daran ist das Selbstvertrauen und die Fähigkeit, der Mut zur eigenen Verantwortung für die eigene Situation und auch dazu, den Schwierigkeiten ins Auge zu sehen, anstatt sie zu verleugnen. Das ist es, was die Methode tragfähig und lebensfähig macht.

Kapitel 7

Hellwach, konzentriert und bereit sein

Dieses Kapitel handelt von dem Zustand, den wir in der Kinesiologie als „Angeschaltetsein" bezeichnen (engl.: *switched on*). Dies ist leicht zu verstehen, wenn Sie sich die Comicfigur Daniel Düsentrieb vor Augen führen: Wenn er nämlich eine Idee hat, dann taucht eine Glühbirne über seinem Kopf auf. Ein heller Kopf – ihm ist ein Licht aufgegangen! Das geschieht ab und zu auch bei uns Menschen! Es passiert, wenn wir ausgeglichen sind und wenn unsere beiden Gehirnhälften gut zusammenarbeiten. Wir müssen „angeschaltet" und hellwach sein, um gute Ideen zu haben, um klar denken, um kreativ sein zu können, ja sogar um wirklich da zu sein, um gegenwärtig zu sein, um im Hier-und-Jetzt zu sein.

Sind wir dagegen „abgeschaltet", dann geht das Licht aus – oder wenigstens ein Teil des Lichtes. Das kann mit einem Stromausfall verglichen werden. Es geschieht, wenn wir überbelastet sind, wenn uns alles einfach zuviel wird. (Die Urheber des *One-Brain*-Systems haben das Abgeschaltetsein neuerdings in Überladung, Überlastung, engl.: *overload*, umgetauft. Das ist präziser, denn es deutet an, daß es sich um eine Überbeanspruchung des Systems und nicht um einen totalen Ausfall handelt.) Wie können wir solche Überbelastung vermeiden, und was sollen wir tun, wenn sie doch vorkommt? Meine Antwort auf die erste Frage ist, daß wir immer darauf hinarbeiten sollten, in allen Situationen hundertprozentig gegenwärtig zu sein. Dies ist sicherlich ein Anspruch, an dem man jeden Tag arbeiten muß, und das kann einem ab und zu unvereinbar vorkommen mit all den anderen Tätigkeiten, die wir noch so haben. Aber andererseits ist es doch ein tolles Gefühl, wenn Sie jeden Tag Fortschritte machen ...

Die Antwort auf die zweite Frage ist: Machen Sie die folgende drei-
teilige Übung, und zwar nicht nur, wenn Sie unkonzentriert sind oder
wenn Ihnen bereits alles zuviel ist, sondern auch um sich vorbeugend
dabei zu helfen, gegenwärtig und ausgeglichen zu bleiben. Legen Sie
die Übung zeitlich so, daß Sie erst hinterher die meisten Ihrer täglichen neuen Situationen erleben. Wenn Sie merken, daß es Ihnen guttut, können Sie diese Übung genau vor oder nach derjenigen machen,
die ich in Kapitel 1 vorgestellt habe (*Stirn-Hinterkopf-Halten*).

Die *Konzentrationsübung* – alleine

- Stehen oder sitzen Sie in aufrechter, lockerer Haltung. Spüren Sie
  die Fläche, die Sie trägt. Spüren Sie den Halt, den Ihnen die Füße
  geben.
- Legen Sie nun den Zeigefinger der einen Hand auf einen Punkt
  genau auf der Körpermittellinie oberhalb der Oberlippe und den
  Mittelfinger derselben Hand auf einen Punkt genau in der Mitte
  unterhalb Ihrer Unterlippe. Massieren Sie fest diese „Zentrierpunkte", während Ihre andere Hand die Nabelgegend abdeckt.
- Massieren Sie etwa eine halbe Minute lang und wechseln Sie dann
  die Hände, um das Massieren noch eine halbe Minute fortzusetzen.
  (Im Kommentar werden Sie lesen, welche Punkte dabei angesprochen werden.)
- Lassen Sie dann eine Hand auf der Nabelgegend liegen, und massieren Sie mit der anderen Hand die *Gehirnpunkte*: in den Vertiefungen unterhalb der Schlüsselbeine, zu beiden Seiten des Brustbeins.
  Massieren Sie auch dort eine halbe Minute lang erst mit der einen,
  dann mit der anderen Hand. Währenddessen liegt die zweite Hand
  ganz ruhig auf der Nabelgegend (siehe Seite 79, links oben).
- Wenn Sie fertig sind, massieren Sie das Ende des Steißbeins, erst mit
  der einen, dann mit der anderen Hand, während Sie die freie Hand
  auf der Nabelgegend liegen haben. Auch hier gilt: eine halbe Minute mit jeder Hand, und es ist naturgemäß am besten, wenn Sie
  dabei stehen. („Konzentrationspunkte")

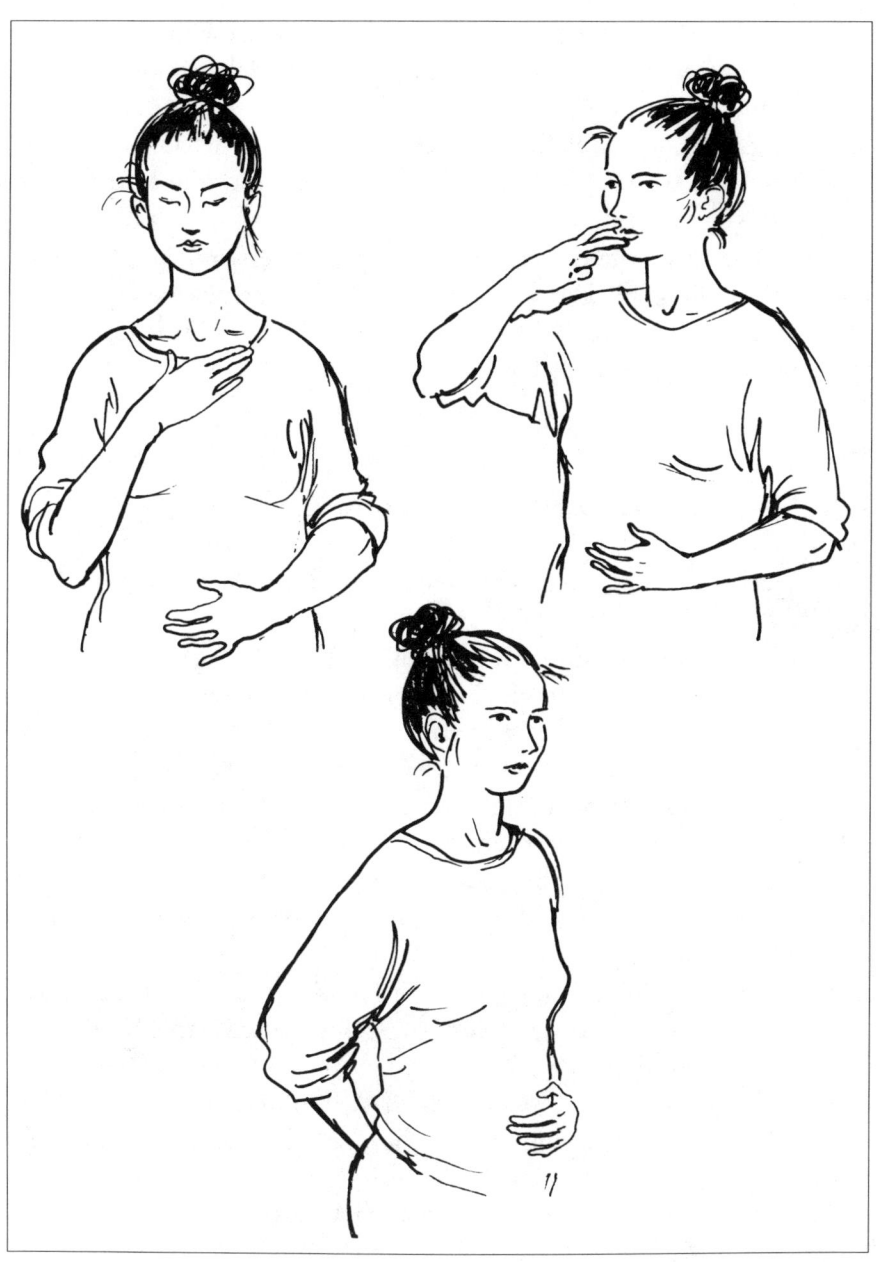

Abbildung 6: Die *Zentrier-*, *Gehirn-* und *Konzentrationspunkte* massieren

Mit dieser kleinen Übung, die etwa drei Minuten braucht, bringen Sie – um es bildhaft zu beschreiben – Ihr gesamtes „elektrisches System" wieder zum Funktionieren. Das ist so, als ob eine herausgesprungene Sicherung nach dem Beheben des „Kurzschlusses" wieder hineingedrückt würde, so daß das Licht wieder angeht und alle Funktionen wieder verfügbar sind.

Wie lange das anhält? Das hängt von Ihrer persönlichen Struktur und Ihrem Alltag ab. Das beste wird sein, daß Sie ein wenig experimentieren, um herauszubekommen, wann Sie wieder Hilfe brauchen, um gegenwärtig zu sein (oder es zu bleiben).

Die *Konzentrationsübung* in einer Gruppe

Wiederum will ich die Arbeit mit einer Schulklasse beschreiben, denn es wird am ehesten dort aktuell sein.

Sie fangen wie üblich damit an, daß Sie Ihren Schülern sagen, daß ihnen diese Übung helfen wird, sich besser zu konzentrieren, so daß ihnen das, was sie hinterher tun sollen, viel leichter fallen wird. Das können Sie am Anfang oder inmitten einer normalen Stunde oder in einer Förderunterrichtsstunde machen, und auch diese Übung kann selbstverständlich ohne vorhergehendes Muskeltesten durchgeführt werden. So könnte Ihre Übungsanleitung lauten:

- „Setzt euch auf eure Stühle. Sitzt mit geradem Rücken, aufrecht, locker und ausgeglichen.
- Legt nun den Zeigefinger der einen Hand auf den Punkt über der Oberlippe, genau auf der Körpermittellinie, und den Mittelfinger derselben Hand auf den Punkt genau in der Mitte unterhalb der Unterlippe. Massiert fest diese beiden Punkte, während eure andere Hand ruhig auf dem Magen liegt, so daß sie die Gegend um den Nabel abdeckt.
- Massiert diese *Zentrierpunkte*, bis ich Bescheid sage. Das dauert eine halbe Minute.
- Wechselt dann die Hände und setzt die Massage fort, bis ich wieder ‚Stop!' sage.

- Fein. Jetzt berührt mit einer Hand die zwei *Gehirnpunkte*, die genau unter euren Schlüsselbeinen und zu beiden Seiten des Brustbeins liegen. Der Daumen soll den einen Punkt massieren, während Zeige- und Mittelfinger den anderen Punkt massieren. Wechselt erst dann die Hände, wenn ich es sage. Auch hier wird mit jeder Hand ungefähr eine halbe Minute lang massiert.
- Und nun zu den letzten beiden Punkten, den *Konzentrationspunkten*. Steht auf und massiert mit der einen Hand euer Steißbein. Ihr wißt, daß das der unterste Teil der Wirbelsäule ist. Gleichzeitig liegt die andere Hand ruhig auf der Nabelgegend. Massiert fest und wechselt die Hände erst, wenn ich es sage. Jede Hand massiert wieder eine halbe Minute.
- Atmet dann tief und ruhig ein, laßt eure Hände sinken und atmet hinterher gut aus.
- Wir sind fertig. Setzt euch hin und fangt mit eurer Aufgabe an. Hinterher möchte ich gerne von euch hören, ob ihr euch heute besser konzentrieren konntet als sonst."

Kommentare

Wir haben diese Übung einer großen Anzahl von Menschen beigebracht: ganzen Schulklassen, Kursteilnehmern, unseren Schülern im Privatunterricht und unseren Klienten. Hier ein paar Beispiele, wie andere die Übung genutzt haben:

Christian (Name wurde geändert) war ein Schüler mit Privatunterricht; durch kinesiologisches Testen stellten wir fest, daß es gut für ihn sein würde, jeden Tag die konzentrationsverbessernde Übung zu Hause zu machen. Christian arbeitete ausdauernd mit seinen Übungen, machte sehr große Fortschritte und wurde einige Monate später vom Privatunterricht abgemeldet. Ich traf ihn über ein Jahr später, und als ich ihn fragte, ob er immer noch seine Übungen mache, antwortete er: „Nicht um besser in Deutsch zu sein, denn das ist o. k., aber wenn ich zum Tischtennisturnier muß, dann mache ich sie. Sie sind nämlich gut für die Konzentration!" [Vgl. Literaturempfehlung: Haberda] Damals ging Christian in die 5. Klasse.

*

Ein anderes Beispiel handelt von einer Lehrerin, die Lesetests bei einer kleinen Gruppe von Schülern im Privatunterricht machen sollte. Die Lehrerin gab allen ein Glas Wasser zu trinken und ließ sie dann die vorher beschriebene Konzentrationsübung machen, bis unmittelbar vor dem Lesetest. Am nächsten Tag machte die Lehrerin genau den gleichen Test, aber dieses Mal ohne Glas Wasser und ohne die kleine Übung.

Als die Lehrerin die Resultate hatte, stellte sich heraus, daß die Schüler denselben Test am ersten Tag insgesamt besser gemacht hatten als am zweiten Tag. Als die betreffende Lehrerin von dieser kleinen Begebenheit erzählte, fügte sie hinzu: „Das war für mich der Beweis dafür, daß es wirkt, und daher werde ich meinen Schülern weiterhin ein wenig Zeit lassen, damit sie die Übungen der Pädagogischen Kinesiologie machen können."

*

Der Klassenlehrer einer 4. Klasse machte einen Lesekurs. Eine der Aufgaben bestand darin, daß die Schüler unter die Vokale eines Textes Punkte malen und die Wörter silbengetrennt auf ein DIN-A4-Papier schreiben sollten – so viele Wörter, wie sie innerhalb von fünf Minuten schaffen konnten.

Bei der Auswertung dessen, was die Schüler geschafft hatten, führte der Lehrer an, inwieweit die Schüler direkt zur Aufgabe übergegangen waren, ob sie sich vorher gegenseitig die Schultern massiert hatten (vgl. Abbildung 7) oder ob sie unmittelbar vor der kleinen fünfminütigen Aufgabe die Konzentrationsübung gemacht hatten. Die Aufgabe wurde am Anfang der ersten Lektion am 20., 23., 24., 25. und 27. eines Monats gestellt. Am ersten Tag gingen die Schüler direkt zur Aufgabe über, am zweiten und dritten Tag massierten sie sich fünf Minuten lang gegenseitig die Schultern, und am vierten Tag machten sie es wie am ersten. Am fünften Tag machten sie die Konzentrationsübung, die drei Minuten dauert.

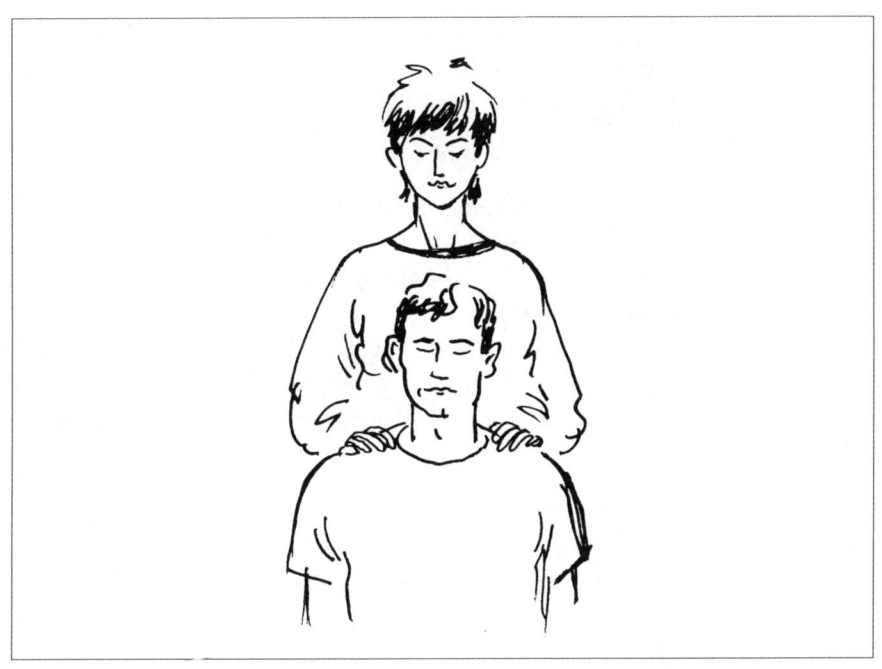

Abbildung 7: Sich gegenseitig die Schultern massieren

Die Resultate zeigten, daß dreizehn von den sechzehn Schülern, die an dem Tag da waren, als die kinesiologische Übung durchgeführt wurde (die ganze Gruppe bestand aus zwanzig Schülern), eine höhere Anzahl an silbengetrennten Wörtern erreicht hatten als an den anderen Tagen.

Der Lehrer machte danach noch einen Silbentrennungstest, diesmal über vier Tage. Die Aufgabe wurde wieder am Anfang der ersten Lektion am 3., 4., 9. und 11. im darauffolgenden Monat durchgeführt. Am ersten Tag gab es keine Massage und keine Übungen, am zweiten Tag die Konzentrationsübung, am dritten wieder nichts und am vierten Tag fünf Minuten Schultermassage.

Das Resultat zeigte, daß von den fünfzehn Schülern, die an dem Tag anwesend waren, als mit der kinesiologischen Übung angefangen wurde, vierzehn die maximale Anzahl Wörter erreicht hatten. Das war wohlgemerkt am zweiten Testtag. Nur *ein* Schüler erreichte an einem anderen Tag eine höhere Anzahl Wörter als am Tag der Übung, nämlich am letzten Tag, an dem es fünf Minuten Schultermassage gab.

*

Ein kleines Beispiel, das zeigt, daß der Effekt in einer ganz normalen Klasse erreicht werden kann und mit einem ganz normalen Lehrer, der die Übungen daher kannte, daß ich sie einmal in der Klasse vorgestellt hatte, und auch aus einem kurzen Kurs, den er ein Jahr zuvor mitgemacht hatte. Es zeigt auch, daß die drei Minuten dauernde Konzentrationsübung aus der Pädagogischen Kinesiologie besser zu wirken scheint als das zehn Minuten lange gegenseitige Schultermassieren.

Einige Wochen später kam der Klassenlehrer der 3. Klasse an der gleichen Schule zu mir und sagte: „Ihre Übung wirkte auch in meiner Klasse. Das Resultat war genauso deutlich wie in K.s Klasse."

*

Das hier folgende Beispiel stammt aus dem Alltag einer Schulpsychologin. Sie sollte in drei 4. Klassen einen Lesetest machen.

Die erste Klasse machte den Test und erfuhr sofort danach, daß er so gut ausgefallen sei, daß sie gleich noch einen machen dürften. Die Schulpsychologin ging danach aus der Klasse mit zwei Tests unter dem Arm.

Die zweite Klasse bekam auch zwei Tests, aber die Schüler sollten alle genannten „Anschaltpunkte" massieren, bevor sie mit dem zweiten Test anfingen. Nach der Übung bekamen die Schüler den Lesetest Nr. 2, und die Schulpsychologin ging auch aus dieser Klasse mit zwei Tests unter dem Arm.

Die dritte Klasse bekam nach dem ersten Test den gleichen Bescheid wie die zwei ersten: „Das habt ihr ganz toll gemacht," aber in dieser Klasse fügte sie hinzu: „Ich komme morgen wieder, und dann könnt ihr noch einen Lesetest machen."

Gesagt, getan. Als auch dieser Lesetest durchgeführt war, hatte die Schulpsychologin dreimal zwei Lesetests durchgeführt.

Nachdem sie mir diesen Teil der Geschichte erzählt hatte, sah sie mich an und sagte: „Was glauben Sie, was ich entdeckte, als ich die Tests ausgewertet hatte?" Ich meinte an ihrem Gesichtsausdruck erkennen zu können, daß aus ihrem kleinen Versuch ein positives Resultat zustande gekommen war, und genauso war es auch: „Da bestand für mich überhaupt kein Zweifel", sagte sie. „Klasse Nr. 2 lag im Test Nr. 2 eindeutig besser als die anderen zwei Klassen."

Diese Geschichte habe ich oft bei Kursen und Vorträgen erzählt, und als die betreffende Schulpsychologin dies erfuhr, sagte sie: „Ich bin vollkommen sicher, daß es hilft, und obwohl ich den Grund dafür nicht weiß, bringe ich den Schülern weiterhin diese kleine Übung bei."

*

Dies soll der letzte Teil des Kommentars sein: Wenn ich einen Schüler vor mir habe, bei dem das Muskeltesten anzeigt, daß er „abgeschaltet" ist, dann pflege ich zu dem Betreffenden zu sagen: „In diesem Moment bist du mit deinen Gedanken ganz woanders. Komm wieder zurück und sei hier bei mir. Während wir zusammen arbeiten, hast du meine volle Aufmerksamkeit, und ich kann dir versichern, daß ich all das sehen und verstehen werde, von dem du gern möchtest, daß ich es sehe und verstehe. Damit das möglich ist, ist es aber wichtig, daß auch du mit deiner vollen Aufmerksamkeit hier bist."

Es ist dem Schüler fast immer möglich, das kleine Ungleichgewicht dadurch auszugleichen, und ich erzähle ihm, daß dies etwas ist, was man auch im Alltag leicht tun kann: sich bewußt dazu entschließen, mit seiner ganzen Aufmerksamkeit anwesend zu sein. Wenn das geschehen ist, sind wir in der Lage, die ganze Situation zu verstehen, sie zu bewerten und herauszufinden, wie wir uns weiterhin zu ihr verhalten wollen. Wir können dazu gegebenenfalls um die volle Aufmerksamkeit unseres Partners bitten. Die eigentliche Konzentrationsübung wird damit sozusagen zum Zusatz!

Anmerkung

Die Punkte, die Sie bei dieser Übung massieren, sind sämtlich auch in der Akupunktur bekannte Punkte.

- Der Punkt über der Oberlippe liegt auf dem Gouverneursgefäß.
- Der Punkt unterhalb der Unterlippe liegt auf dem Zentralgefäß.
- Die zwei Punkte seitlich des Brustbeines sind – wie Sie wissen – die Punkte Nr. 27 auf dem Nierenmeridian.
- Der Punkt am Steißbein liegt auf dem Gouverneursgefäß.
- Die Hand, die die Nabelgegend abdeckt, berührt einen Punkt des Zentralmeridians und hat außerdem Kontakt zu *allen* Meridianen.

Kapitel 8

Begreifen, was man hört

Wir alle sind darauf angewiesen, das, was wir hören, möglichst gut zu verstehen. Die hier folgende Übung, von Paul Dennison „Denkmütze" genannt, kann uns dabei unterstützen.

Die *Denkmütze* – alleine

Die Übung ist einfach und leicht: Sie sollen nämlich nur Ihre Ohren massieren!

- Fangen Sie mit den Ohrläppchen an. Legen Sie Ihre Daumen auf die Vorderseiten der Ohrläppchen und die anderen Finger auf die Rückseiten. Massieren oder reiben Sie jetzt fest und sorgfältig vom Ohrläppchen aus nach oben, entlang dem äußeren Rand der Ohrmuschel. Bildlich gesprochen: Falten Sie die Ohrmuscheln aus, spitzen Sie die Ohren, fahren Sie die Antennen aus!

Wiederholen Sie diese Massage vier oder fünf Mal, bis Sie merken, daß Ihre Ohren lebendig und warm werden, vielleicht sogar glühen! Vielleicht gehören Sie zu den Menschen, die dabei das Gefühl bekommen, daß ihre Ohren „weiter reichen", wie mir einmal ein Kursteilnehmer berichtete.

Die *Denkmütze* in einer Gruppe

Auch diesmal will ich wieder die Arbeit mit Kindern ansprechen, und ich will einige Ergänzungen aus der Erwachsenenwelt bringen. Angenommen, Sie sitzen als Lehrer oder Pädagoge mit einer Gruppe von Kindern zusammen. Sagen Sie zu ihnen:

- „Heute will ich euch zeigen, wie ihr eure Ohren massieren könnt, so daß ihr besser aufnehmt, was ihr hört, auch Buchstaben und Silben. Es ist gut für euch, besser buchstabieren und lesen zu können, damit ihr besser verstehen könnt, was um euch herum geschieht.

- Sitzt mit aufrechtem, aber lockerem Rücken. Das ist immer wichtig, damit die Energie frei durch den ganzen Körper fließen kann, ohne viele Hindernisse überwinden zu müssen.

- Faßt so an eure Ohrläppchen, daß die Daumen an der Vorderseite der Ohrläppchen und die übrigen Finger an der Rückseite der Ohrmuscheln liegen.

- Massiert die Ohren von unten nach oben, fest und sorgfältig, und spürt, wie eure Ohren warm werden. Ihr könnt euch dabei vorstellen, daß ihr die Ohren ‚spitzt‘, daß ihr die Ohren ‚ausfaltet‘ oder die ‚Antennen ausfahrt‘, und ihr wißt sicher alle, daß wir mit diesen Worten sagen wollen: Ihr sollt gut zuhören und das begreifen, was gesagt wird.

- Macht weiter, bis ihr die Ohren vier oder fünf Mal durchmassiert habt. Reibt eure Ohren *kräftig*. Es ist gut, wenn ihr die Massage spürt, aber sie soll natürlich nicht weh tun.

- Wenn ihr fertig seid, atmet tief ein und laßt eure Hände sinken; atmet danach gut aus. Jetzt seid ihr ganz klar im Kopf, um das zu hören, was ich euch erzählen werde. Aber sagt mir bitte vorher, wie sich eure Ohren anfühlen; dann erzähle ich euch, was da passiert, wenn wir die Ohren massieren.“

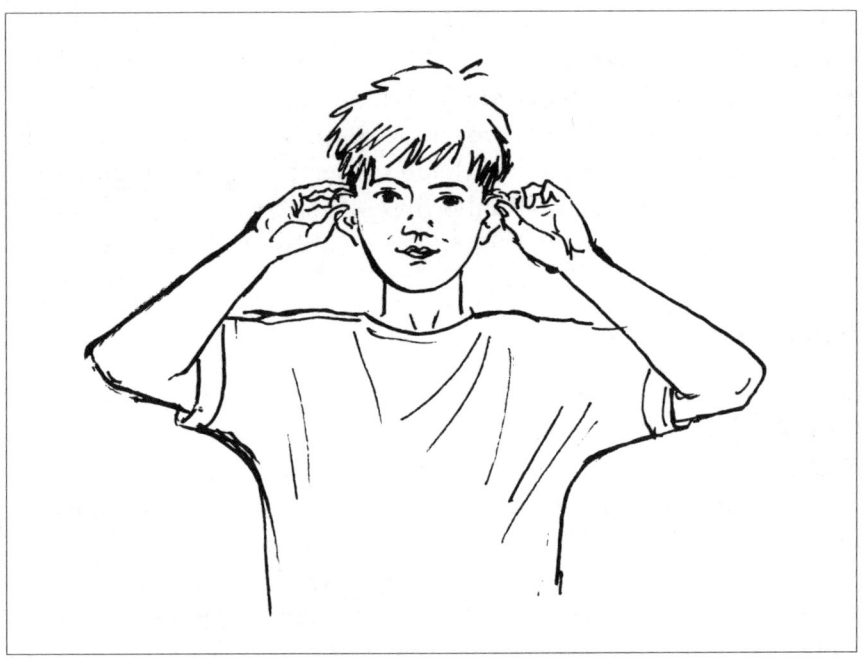

Abbildung 8: Die Ohren massieren (*Denkmütze*)

Kommentare

Nachdem Ihnen die Kinder erzählt haben, wie sich ihre Ohren anfühlen, können Sie ihnen darstellen, daß sich in unseren Ohren eine ganze Menge Akupunkturpunkte befinden und daß alle diese Punkte mit dem übrigen Körper in Verbindung stehen: mit den Augen, den Ohren, dem Rücken, mit unseren inneren Organen, usw. Wenn man die Ohren massiert, wirkt das auch auf diese Akupunkturpunkte und auf die ihnen jeweils entsprechenden Organe, so daß die Energie besser durch den ganzen Körper und hoch zum Gehirn fließen kann.

Wird das *rechte* Ohr stimuliert, so wird eine eventuelle Energieblockade der *linken* Gehirnhälfte aufgehoben. (Bei den meisten Menschen ist die linke Gehirnhälfte für das Buchstabieren zuständig.) Wenn das *linke* Ohr stimuliert wird, kann die Energie leichter zur *rechten* Gehirnhälfte fließen (die man zum Auffassen von Rhythmus und Sprachmelodie braucht). Das hat Einfluß auf die Fähigkeiten zu lesen, zu buchstabieren, zu verstehen und später das wiederzugeben, was man gehört hat. Durch die Ohrenmassage kann man sich auch selbst dabei helfen, Blockierungen aufzulösen, mit denen man die Übermittlung von Geräuschen, Lauten oder Klängen vom Ohr zum zuständigen Gehirnzentrum unbewußt behindert.

Einige Beispiele

Das erste Beispiel stammt aus meinem Unterricht an der Schule für Legastheniker in Kopenhagen. Einer meiner Schüler dort war ein erwachsener Mann, 62 Jahre alt. Bei unserer ersten Begegnung, bei der ich ihn kinesiologisch testete und balancierte, erzählte er mir, daß er seit vielen Jahren ein Hörgerät trage und daß er es bis an sein Lebensende tragen müsse. Diese erste Begegnung war übrigens recht schwierig, weil dieser fürchterliche Hörapparat piepste und er ihn abnehmen mußte. Aber irgendwie ging es.

Ich habe in einem Zeitraum von drei oder vier Monaten dreimal mit ihm gearbeitet; er hat dann, auch in der Zeit danach, sehr fleißig mit ein paar einfachen Übungen gearbeitet, darunter das Massieren der Ohren. Er machte die Übungen sowohl zu Hause als auch in Verbindung mit dem Unterricht in der Schule.

In einem Bericht zum Ende des Schuljahres schrieb seine Lehrerin, daß die kinesiologischen Balancierungstechniken eines der Dinge gewesen sei, die ihren Schüler weitergebracht hätten. Ihre Schlußbemerkung war: „Das Phantastische geschah: X brauchte sein Hörgerät nicht mehr."

*

Der nächste Bericht dreht sich um eine Lehrerin, die an einem Einführungskurs teilnahm, der an zwei Vormittagen im Abstand von einer Woche stattfand. Sie stellte sich als Testperson zur Verfügung und half dadurch zu zeigen, wie ein Muskeltest verläuft. Das Muskeltesten zeigte, daß etwas an ihren Augen ausgeglichen werden und daß sie dann noch ihre Ohren massieren mußte, um eine Blockade ihrer auditiven Aufnahmefähigkeit zu beseitigen. Sie massierte die Ohren, und wir stellten fest, daß diese Übung die erwünschte Wirkung hatte. Am Ende des Tages kam sie zu mir und sagte: „Ich war gerade auf der Damentoilette, um die Übung noch einmal zu machen. Sie half mir nämlich so sehr, daß ich den Rest Ihres Vortrages ganz ohne Hörgerät hören konnte – was ich sonst nicht kann."

Als wir wieder Kurstag hatten, erzählte sie, sie habe ihre Ohren im Laufe der dazwischenliegenden Woche täglich massiert (sie hatte es so kräftig getan, daß sie fast ein Loch in die dünne Haut des Ohres gerieben hatte). Sie wußte, sie würde diese Übung immer wieder machen, denn sie hatte inzwischen einer Theatervorstellung beiwohnen können, und das ganz ohne die sonst üblichen Schwierigkeiten, das zu hören, was gesagt wurde. Da blieb mir nur eines übrig, nämlich ihr zu dem tollen Resultat zu gratulieren!

*

Das dritte kleine Beispiel handelt von einem Sprech- und Hörpädagogen, der bei einigen Schülern Hörtests durchführte. Er schrieb auf, sie hätten Schwierigkeiten bei bestimmten Frequenzen, und ließ sie daher eine Minute lang ihre Ohren massieren. Beim unmittelbar darauf folgenden Test zeigte sich eine solch deutliche Besserung der Hörfähigkeit, daß der Pädagoge von der Effektivität der Übung überzeugt war. Auch er hat diese kleine Übung an viele andere Menschen weitergegeben.

*

Zum Schluß können Sie selbst darüber nachdenken, wie vorteilhaft es wäre, wenn alle Geräuschsignale, die Ihr Gehör leicht und unproblematisch, das heißt ohne Streßreaktionen erreichen, in den entsprechenden Gehirnhälften aufgenommen werden könnten. So würde bereits ein Teil der Grundlage für die Integration der Höreindrücke mit den anderen Sinneseindrücken gelegt.

Ab und zu werde ich gefragt, ob es von Bedeutung sei, daß man das Ohr von unten nach oben und nicht von oben nach unten massiert. Ich ziehe es vor, mit dem Massieren unten anzufangen, weil mich das Ohr an einen Fötus erinnert, der mit dem Kopf nach unten in Mutters

Bauch liegt. Da die gesamte Entwicklung des Kindes vom Kopf ausgeht, fange ich meine Massage beim Ohrläppchen an, das dem Kopf
entspricht und wo sich auch die Akupunkturpunkte für die Ohren,
die Augen, die Nase, den Rachen usw. befinden.

Kapitel 9

Wenn Buchstaben und Zahlen Streß bereiten

Die in diesem Kapitel beschriebenen Situationen betreffen vorwiegend den Unterricht mit sehr jungen Schülern. Im Kommentar werde ich darauf eingehen, welche Bedeutung sie auch für erwachsene Menschen haben können.

Die *Buchstabenübung* in einer Gruppe

Als Lehrerin oder Lehrer haben Sie im Laufe der Zeit vermutlich verschiedene Arten des Lehrens von Buchstaben, Zahlen und Symbolen (Dreieck, Viereck, Kreis usw.) kennengelernt. Sie haben Ihre Schüler diese Zeichen wahrscheinlich in die Luft malen lassen, sie übergroß und auch klein schreiben lassen, auch an die Tafel, auf Papier und anderswo.

Ich selbst habe in meinem Unterricht am Anfang dem Körper und dem Bewegen im Klassenzimmer besondere Aufmerksamkeit gewidmet und die Schüler Buchstaben und Zahlen in die Luft schreiben lassen, sie die Konturen auf dem Boden nachgehen lassen oder sie sie mit dem Körper nachbilden lassen, allein, zu zweit oder zu mehreren. Wir haben große und kleine Buchstaben geschrieben, sie mit der Nase oder mit dem Gesäß „gezeichnet" und andere raten lassen, was wir „geschrieben" hatten. All das brachte großen Gewinn, teils weil es lustig war, teils weil es gut war, den Körper auf unterschiedliche Art und Weise zu bewegen, und weil man dabei etwas lernte. In einigen

93

Klassen ließ ich Schüler, die motorische Probleme hatten, damit abschließen, daß sie die Buchstaben mit offenen und mit geschlossenen Augen an die Tafel schreiben sollten, und ich bat sie, sich die Buchstaben gegenseitig auf den Rücken zu schreiben. So stimulierte ich den kinästhetischen Sinn der Kinder. Das, was wir durch unseren Körpereinsatz lernen, erinnern wir ganz anders als das, was wir nur durch unsere Augen und Ohren mitbekommen. Wie das alte chinesische Sprichwort sagt:

Was ich höre, vergesse ich.

Was ich sehe, erinnere ich.

Was ich tue, verstehe ich.

Inzwischen hat die Pädagogische Kinesiologie (das *One-Brain*-System) den vorhandenen Methoden noch eine hinzugefügt; ich will sie hier beschreiben; sie zielt auch auf Tun und damit auf Verstehen.

*

Die Schüler sollen einen neuen Buchstaben oder eine neue Zahl lernen, und Sie wollen sicher sein, daß alle mitkommen, das Lernen als angenehm erleben und das Zeichen auch wirklich lernen. Daher bitten Sie alle darum, aufzustehen und das neue Zeichen erst einmal mit der Hand, mit der sie schreiben, und dann mit der anderen Hand in die Luft zu zeichnen. Lassen Sie sie dies acht- oder zehnmal wiederholen, bis Sie sehen, daß es funktioniert, und bis die Schüler selbst merken, daß es gut geht. Sorgen Sie dafür, daß die Schüler auf die Hand schauen, die gerade zeichnet, und daß sie den Kopf so ruhig wie möglich halten. Geben Sie den Schülern danach etwa folgende Anleitungen zur „Buchstabenübung":

- „Grätscht die Beine und verteilt euer Gewicht gleichmäßig auf beide Füße. Streckt die Arme nach vorn, beugt die Handgelenke nach oben und legt die Hände so aneinander, daß die Daumen und Zeigefinger ein Guckloch bilden, genauso wie bei der Übung mit der *Liegenden Acht*. [Vgl. S. 42]

- Seht durch dieses Loch, während ihr weiterhin den Buchstaben in die Luft zeichnet (sagen wir, es ist ein S). Zeichnet den Buchstaben so groß wie möglich in die Luft. Gebraucht euren ganzen Körper, geht dabei auch in die Knie und achtet darauf, daß ihr die ganze Zeit durch das Guckloch schaut.

- Zeichnet weiter euer großes S, bis ich euch sage, daß es genug ist. Spürt, wie das Zeichnen immer leichter und leichter wird (normalerweise reichen acht oder zehn Mal).

- Macht nun den Buchstaben kleiner und kleiner, wobei auch die Körperbewegungen kleiner und kleiner werden, bis am Ende euer Körper ganz still steht und ihr nur noch Hände, Arme und Augen bewegt. Macht den Buchstaben fünf oder zehn Mal in der kleinen Größe.

- Setzt euch dann auf eure Plätze und schreibt viele S auf euer DIN-A4-Blatt. Fangt mit einem großen S ganz links auf dem Papier an und macht das nächste S halb so groß und das nächste wieder halb so groß wie das davor, bis ihr es nicht mehr kleiner machen könnt und bis kein Platz mehr auf dem Papier ist.

- Fein. Jetzt schreibt wieder ein großes S links auf euer Blatt, aber diesmal mit geschlossenen Augen. Auch diesmal macht ihr damit weiter, daß der nächste Buchstabe halb so groß ist wie der davor, und der nächste wieder halb so groß und so weiter, bis kein Platz mehr auf dem Papier ist.

- Öffnet jetzt wieder die Augen und schaut euch eure schönen Buchstaben an.

Lassen Sie die Schüler am Ende über ihre Buchstaben reden und über das Phantastische daran, daß es ihnen fast immer gelingt, die Buchstaben mit geschlossenen Augen genau so schön zu schreiben wie die Buchstaben, die sie sehen können; ja, sie werden manchmal sogar noch schöner. Die Erklärung dafür ist, daß sie, wenn sie mit geschlossenen Augen schreiben, sich ganz und gar auf ihren kinästhetischen Sinn verlassen, auf die kinästhetische *Funktion*. Da der Körper erinnern kann, kann auch die Hand erinnern, wie der Buchstabe geschrieben wird. Sie braucht nicht die Hilfe der Augen. Das, was wir da ansprechen, ist das sogenannte kinästhetische *Gedächtnis,* und wenn dieser Teil des Gehirns einmal aktiviert ist, dann steht der Buchstabe wie auf einer Leuchtreklame, und das geht wohlgemerkt ohne Streß vor sich.

Eine wertvolle Ergänzung ist noch folgendes: Lassen Sie die Schüler den Laut und den Namen des Buchstabens sagen, während sie ihn in die Luft oder auf Papier schreiben. Dabei gebrauchen sie alle Sinne gleichzeitig: Sehen, Hören und den kinästhetischen Sinn in Verbindung mit der Ausführung der motorischen Funktion. Das nennt man multisensorisches Lernen.

Sie können danach auf gleiche Art und Weise zum nächsten zu lernenden Buchstaben übergehen und so das Buchstabenlernen mit etwas Neuem und sehr Wertvollem ergänzen. Die Schüler mögen das und werden die Buchstaben immer als etwas Schönes und Unproblematisches erinnern, sowohl auf körperlicher wie auch auf unterbewußter Ebene. (Niemand sieht sich die Buchstaben an und bewertet, ob sie nun genau so schön wie die des Nachbars sind. Also: Alles ist gleich gut, wenn nur jeder Schüler oder jede Schülerin soviel tut, wie er / sie kann.) Genau das Gleiche kann man übrigens mit ganzen Silben oder Wörter machen.

Kommentare

Wenn ich mit erwachsenen Schülern arbeite, so zeigt sich oft zu ihrem eigenen Erstaunen, daß das Muskeltesten Streß in Verbindung mit einem oder mehreren Buchstaben oder Zahlen anzeigt. Das muß nicht unbedingt heißen, daß der Erwachsene als Kind Leseprobleme und Probleme mit der Rechtschreibung oder Schwierigkeiten in Mathematik hatte. Die Ursache kann ganz woanders liegen.

Das war der Fall bei einer Kursteilnehmerin, deren Muskeltests Probleme mit den Zahlen 2 und 3 aufzeigten. Sie wunderte sich, denn sie hatte in der Schule in keiner Weise Probleme mit Zahlen gehabt. Während sie die Übung machte, die darin bestand, die eine und dann die andere Zahl in die Luft zu schreiben, wie vorhin beschrieben, hielt ihr Tester sie an der Stirn und am Hinterkopf. Das Resultat war, daß sie plötzlich innehielt und ausrief: „Jetzt weiß ich's! Ich war ja bei der Bank und mußte zweitausend oder am liebsten dreitausend Mark leihen. Es war mir furchtbar unangenehm, und mir ging es so schlecht damit, daß ich so von oben herab behandelt wurde. Ich wünschte mich ganz weit weg!"

Indem sie die Übung machte und den Zusammenhang erkannte, machte sie den alten Streßverursacher (die Situation in der Bank) unschädlich, und in der Zukunft wird sie mit den Zahlen 2 und 3 ohne jegliche Streßreaktion umgehen können. Sollte sich dennoch die Ahnung einer solchen Reaktion am „Horizont" zeigen, so kann sie bewußt entscheiden, wie sie damit umgeht, zum Beispiel indem sie sagt: „O.k., es fängt an, lästig zu werden, aber ich lasse es nicht zu." So wird sie in Zukunft Streßreaktionen in ihrem Körper umgehen können.

*

Da ist auch die Geschichte von dem erwachsenen Mann, der mit Beschwerden an großen Teilen seines Körpers zu mir kam und der – auch wieder ohne frühere oder jetzige Probleme in Mathematik – Schwierigkeiten mit der Zahl 4 hatte. Während er die Übung machte, sagte er: „Jetzt ist mir plötzlich klar geworden, worum es sich dreht." Ich hielt seine Stirn und seinen Hinterkopf, während er mir von dem erzählte, was er jetzt so klar sehen konnte (ein Kommunikationsproblem aus seiner Jugend). Als er diese alte Erinnerung zuließ und sie in Bezug zu seinem aktuellen Alltag sah, konnte er eine Menge Spannungen (= Streß) loslassen. Nachdem er die Zahl 4 „gezeichnet" und geschrieben hatte, machte er noch eine erforderliche Übung, die mit seinen Augen (und nicht mit der Zahl 4) zu tun hatte. Außerdem lernte er, seine Ohren zu massieren, wie auf Seite 87 beschrieben. Diese sehr einfachen Dinge zusammen mit ein wenig Hilfe, um einen einzelnen Schultermuskel zu lockern, waren schon genug, um alle Schmerzen an Rücken, Knie und Hüftgelenk verschwinden zu lassen. (Nebenbei bemerkt hatte er diese Schmerzen schon seit über einem Jahr gehabt, und sie konnten vorher auf keine Art mit Erfolg behandelt werden!) Der Betreffende und ich waren gleichermaßen überrascht darüber, daß so wenige und simple Übungen einen solch auffallenden Effekt haben konnten.

Die *Buchstabenübung* – alleine

Sollten Sie das Gefühl haben, daß Zahlen oder Buchstaben Ihnen Streß bereiten, zum Beispiel der Anfangsbuchstabe des Namens einer Person, zu der Sie eine komplizierte, streßbelastete Verbindung haben, so können Sie diese Streßverursacher genauso unschädlich machen, wie Sie Ihren Schülern beigebracht haben, das Entstehen von Streß zu vermeiden. Wenn Sie jemanden dafür gewinnen, Ihre Stirn und Ihren Hinterkopf zu halten, während Sie den Buchstaben oder die Zahl in die Luft zeichnen (oder unmittelbar danach), dann werden Sie noch viel mehr von der Übung haben.

Sollten Sie keinen Helfer zur Hand haben, dann kommen Sie auch sehr weit, indem Sie folgendes tun: Bevor Sie mit der Übung anfangen, halten Sie selbst Ihre Stirn und Ihren Hinterkopf, denken an die betreffende Zahl oder an den Buchstaben und stellen gleichzeitig eines ihrer Beine um einen Schritt zur Seite, so daß Sie in der Grätsche stehen. Lassen Sie dann die Hände sinken, bleiben Sie so stehen und zeichnen oder schreiben Sie Ihr Symbol in die Luft, wie vorher beschrieben.

Die Grätsche mag Ihnen etwas merkwürdig vorkommen. Dahinter steht folgendes Erklärungsmodell: Beim Grätschen werden sehr viele kleine Rezeptoren (Empfängerzellen) in den Hüftgelenken aktiviert. Sie speichern nun sozusagen die Erinnerung an alles, was gleichzeitig in den übrigen Teilen des Körpers passiert; so registrieren sie auch, daß durch das Berühren von Stirn und Hinterkopf die dort liegenden Nervenzellen aktiviert werden. Sie speichern sozusagen diese Informationen und ihre Wirkung, sie halten den dadurch hergestellten Zustand fest (solange man in der Grätsche steht), „frieren" ihn ein oder „ankern" ihn, wie man im NLP sagen würde. So hält die Wirkung des Stirn-Hinterkopf-Haltens weiterhin an, auch wenn man die Hände wegnimmt und zum zweiten Teil der Übung übergeht.

Kapitel 10

Verspannungen an der Körperrückseite lösen

Manche Menschen (vielleicht sind Sie einer davon) setzen ihren Körper so ein, daß sie geschmeidig und beweglich bleiben. Sie sind ausgeglichen, und eine gute Gewichtsverteilung sowohl im Stehen als auch im Sitzen macht, daß sie so wirken, als ob sie immer im Gleichgewicht seien, egal ob sie in Ruhestellung sind oder sich gerade bewegen. Anderen Menschen geht es genau umgekehrt; und die Rückseite des Körpers ist bei vielen dieser Menschen sehr verspannt, nicht nur die Muskeln an der Rückseite der Waden und Oberschenkel, sondern auch entlang der Wirbelsäule, einschließlich des Nackens.

Die Übung, die ich hier vorstellen will – das „Sehnenzupfen" –, kann diesen Menschen helfen, die Spannungen an der Rückseite des Körpers loszulassen. Wenn Sie zur ersten Gruppe gehören, kann ich Sie damit trösten, daß das Lesen dieses Kapitels trotzdem keine verlorene Zeit für Sie bedeuten wird. Denn auch diese Übung tut *allen* Menschen gut; außerdem beinhaltet der Text einiges an Informationen, die Sie vielleicht interessant finden werden, und vielleicht bekommen Sie eines Tages Lust und Gelegenheit, die Übung anderen beizubringen, die sie brauchen.

Die meisten von uns kennen Reaktionen wie die, daß man in Streßsituationen mit durchgedrückten Knien dasteht (Säbelbein), daß man einen steifen Nacken bekommt oder ähnliches. Ich werde nun eine Übung beschreiben, die bei Streß helfen kann, der sich in solchen körperlichen Reaktionen ausdrückt, und die Ihnen außerdem helfen kann, eine ganze Menge körperlicher Fehlfunktionen zu korrigieren.

Sehnenzupfen und *Schulterkreisen* – alleine

Zunächst eine *Vorübung*, die Ihnen einen Eindruck davon vermitteln kann, wie es mit den Muskeln an der Rückseite Ihres Körpers aussieht. Wichtig: Lesen Sie die Übungsanleitung ganz durch, bevor Sie sie ausführen, und machen Sie sie nicht, wenn Sie Probleme mit dem Rücken haben!

- Stellen Sie sich mit leicht gegrätschten Beinen hin, am besten ohne Schuhe. Legen Sie Ihre Hände unter die Gesäßbacken und drücken Sie sie hoch! (Dabei verursachen Sie ein leichtes Dehnen der Muskeln an den Kniekehlen, und es fällt Ihnen leichter, Ihre Hüftgelenke zu bewegen.) Fangen Sie dann an, sich langsam von den Hüftgelenken aus nach vorne zu beugen, soweit Sie kommen, *ohne* Ihren Rücken zu krümmen.
- Wenn Sie nicht mehr weiterkommen, fangen Sie an, den Rücken nach vorne und nach unten zu beugen. Lassen Sie die Hände los, und lassen Sie Ihre Arme nach unten hängen. Lassen Sie auch den Nacken locker und Ihren Kopf nach unten hängen. Beobachten Sie, wie weit Sie nach unten kommen. (Es ist unwichtig, ob Sie mit den Händen noch weit oder nur wenig vom Boden entfernt sind oder ob Sie ihn schon berühren. Es geht nur darum, daß Sie *wissen*, wie weit Sie kommen.)
- Wenn Sie registriert haben, wie weit Sie sich vorbeugen können, und wenn Sie gespürt haben, wie sich die Rückseite der Beine, des Rumpfes und des Nackens anfühlt, dann beugen Sie leicht die Knie und richten Ihren Körper langsam auf, bis Sie wieder aufrecht stehen.

Soweit die Vorübung. Nun kommen wir zum *Sehnenzupfen*:

Setzen Sie sich auf den Boden oder auf einen Stuhl. Wenn Sie auf dem Boden sitzen, sollten Sie zunächst mit leicht angezogenen Knien sitzen, und die Rückseite der Waden sollte entspannt sein; auch die Fußgelenke sollten entspannt sein; nur mit den Fersen stützen Sie sich am Boden ab. Legen Sie dann ein Bein über das andere, wie auf dem Foto gezeigt. Sitzen Sie auf einem Stuhl, dann sollte das untere Bein in normaler Sitzhaltung sein, mit der Fußunterseite am Boden. In beiden

Abbildung 9: Das *Sehnenzupfen*

Fällen fangen Sie jetzt damit an, sich selbst an der Rückseite des ge-
beugten Beines zu zwicken.

- Fangen Sie bei der Achillessehne an, genau über der Ferse. Fassen
  Sie die eine Seite der Achillessehne mit dem Daumen und die andere
  Seite mit den übrigen vier Fingern an und zupfen sie fest und mit
  Nachdruck, etwa zehn oder fünfzehn Mal.

- Sie greifen dann mit den Fingern immer ein Stückchen höher und
  zwicken gründlich an den Wadenmuskeln entlang, bis Sie die Kniekehle erreichen. Hier fassen Sie mit beiden Händen zu, eine auf
  jeder Seite des Knies. Zupfen Sie an den Sehnen auf der Rückseite
  des Kniegelenks mit kräftigem Ruck, wie ein Kontrabassist die Saiten seines Instrumentes zupft. Tun Sie das auch etwa zehn Mal, und
  machen Sie so weiter, mit beiden Händen entlang der Rückseite des
  Oberschenkels, hoch bis zum Hüftgelenk.

- Wiederholen Sie die ganze Übung drei, vier Mal (oder öfter, wenn
  Sie fühlen, daß Sie mehr brauchen).

- Wenn Sie mit dem einen Bein fertig sind, machen Sie die gleiche Übung ebenso gründlich mit dem anderen Bein; stehen Sie anschließend auf.

- Jetzt fangen Sie mit den Schultern und dem Nacken an, aber erst nachdem Sie sich ein wenig Zeit dafür genommen haben, die Wärme und Entspannung an der Rückseite der Beine zu spüren. Vielleicht stellen Sie auch fest, daß sich Ihre Knie weitaus entspannter anfühlen als sonst.

- Legen Sie eine Hand auf die entgegengesetzte Schulter und drücken Sie sie kräftig nach unten; machen Sie mit der Schulter *kleine* Kreisbewegungen – so kleine Kreise, wie Sie überhaupt machen können. Das Ziel dabei ist ausschließlich, daß Sie den Nacken entspannen. Machen Sie etwa zwanzig Kreisbewegungen mit der einen Schulter und zwanzig mit der anderen. Stehen Sie dabei so, wie es in der Abbildung zu sehen ist, und denken Sie daran, den freien Arm vom Schultergelenk aus frei und entspannt hängenzulassen.

Wenn Sie mit der gesamten Übung fertig sind, machen Sie die Vorübung noch einmal, um herauszufinden, ob Sie sich jetzt weiter hinunterbeugen können als vorher, und um zu spüren, ob sich die Rückseite des Körpers anders anfühlt als vorher. Nach meiner Erfahrung kommen die meisten Menschen hinterher weiter hinunter (es sei denn, die Hosen sind so stramm, daß sie die Bewegungen hemmen!), und sie können einen Unterschied zu vorher feststellen.

Das Wiederholen und bewußte Einsetzen der Übung wird Ihnen helfen, geschmeidig und flexibel zu werden oder zu bleiben; dies werden Sie sicherlich in den Muskeln der Kniebeugen und der Lenden spüren. Gleichzeitig werden Sie eine mehr und mehr ganzheitliche Gehirnfunktion erreichen, und Ihre eventuelle Nackensteifheit wird abnehmen, sowohl im wörtlichen als auch im übertragenen Sinne. Die Übung löst auch Ausdruckshemmungen, Blockierungen beim Sprechen – wenn Ihr Redefluß ins Stocken gerät und Sie nach passenden, entfallenen Wörtern suchen: „Es liegt mir auf der Zunge …"

Abbildung 10: Das *Schulterkreisen*

Sehnenzupfen und *Schulterkreisen* in einer Gruppe

Die oben beschriebene Entspannungsübung können Sie zusammen
mit nur einem Übungspartner bzw. einer -partnerin machen oder
auch in einer Gruppe. Bei Partnerarbeit übernehmen Sie selbst am
besten zuerst die aktive Rolle. Hat Ihr Partner die Übung einmal pas-
siv erlebt, so kann er sie leicht umgekehrt bei Ihnen durchführen. Vielleicht finden Sie es noch wirksamer, einfach dazuliegen und sich voll
und ganz zu entspannen, während jemand anders Ihre Beine massiert.
Wenn Sie das einmal ausprobiert haben, können Sie in Zukunft jeweils
auswählen, welche der beiden Möglichkeiten Sie vorziehen: die pas-
sive Variante (Partnerarbeit) oder die aktive (alleine).

Sie sollten die aktive Form (für sich alleine) allerdings in jedem Fall gut beherrschen, denn sonst kommen Sie später sehr leicht in Versuchung, das Fehlen eines Partners als Entschuldigung dafür zu nehmen, daß Sie *nichts* tun: „Ich konnte nicht, weil niemand da war, der mir helfen konnte."

Sie können diese Übung auch mit einer ganzen Klasse oder mit einer größeren Gruppe von Erwachsenen oder Kindern machen. So könnten Sie anzufangen:

- „Wir werden jetzt mit den Muskeln unserer Körperrückseite arbeiten. Diese Muskeln sind bei den meisten von uns sehr verspannt, und es fällt uns schwer, sie loszulassen. Wenn wir sie ein wenig entspannen und etwas elastischer machen, werden wir uns viel eher frei bewegen können.
- Stellt euch hin, die Beine leicht gegrätscht, hört genau zu, was ich sage, und seht genau hin, was ich tue."

(Sie demonstrieren dann zunächst die *Vorübung*. Es ist wichtig, daß Sie sie vorher zeigen, damit die Übenden entscheiden können, ob ihr Rücken sie verträgt. Wer Probleme mit dem Rücken hat, sollte diese Vorübung nicht machen, denn sie könnte zu belastend sein. Nachdem Sie gezeigt haben, wie es geht, sagen Sie:

- „Jetzt seid ihr dran. Bleibt mit gegrätschten Beinen stehen und faßt mit euren Händen unter die Gesäßbacken. Hebt sie ein wenig hoch, so daß ihr die Muskeln an den Kniekehlen und an der Rückseite der Schenkel leicht dehnen könnt. So fällt es euch leichter, euch von den Hüften aus nach vorne zu beugen, anstatt die Bewegung aus den Lenden heraus zu machen. Solltet ihr Probleme mit dem Rücken haben, dann achtet besonders darauf, daß die Beugung vom Hüftgelenk ausgeht, oder laßt eventuell diesen Teil der Übung weg.
- Wenn ihr euer Hinterteil angehoben habt, dann fangt an, den Oberkörper von den Hüftgelenken aus nach vorne zu beugen, soweit ihr könnt. Wenn ihr nicht mehr weiterkommt, laßt eure Hände nach unten hängen und bleibt nach vorne gebeugt, als ob ihr den Magen auf die Schenkel legen müßtet. Laßt die Arme entspannt hängen und seht, wie weit die Fingerspitzen noch vom Boden entfernt sind.

- Es ist egal, ob der Abstand zum Boden groß oder klein ist, ob ihr eure Handflächen auf den Boden legen könnt oder nicht. Das einzig Wichtige ist, daß ihr euch merkt, wie weit ihr nach unten kommt und wie sich der Körper dabei anfühlt, besonders an der Rückseite der Beine.
- Wenn ihr dies festgestellt habt, dann beugt die Knie etwas mehr und richtet den Rücken und den ganzen Körper ganz langsam wieder auf, bis ihr wieder gerade steht. Nun habt ihr ein genaueres Bild davon, wie geschmeidig oder verspannt ihr an der Rückseite der Beine seid.
- Setzt euch dann auf den Fußboden und beugt das Knie des ausgestreckten Beines ganz leicht, so daß die Rückseite des Oberschenkels entspannt ist und die Ferse leicht auf dem Boden ruht. Das andere, darübergelegte Bein soll eine für euch angenehme Stellung einnehmen.
- Fangt dann an, euch selbst an der Achillessehne zu zupfen, gerade über dem Fersenbein. Tut das gründlich. Nehmt für die eine Seite der Achillessehne den Daumen und für die andere Seite die anderen vier Finger.
- Wenn ihr das etwa zehn Mal gemacht habt, kneift weiter nach oben an den Wadenmuskeln entlang. Sorgt dafür, daß der Unterschenkel immer gut entspannt ist, und kneift kräftig zu. Wenn ihr an den Kniekehlen angekommen seid, faßt sie mit beiden Händen an: Legt die Daumen auf das Knie und haltet die anderen Finger so, daß sie sich unter dem Kniegelenk treffen. Zupft dann schnell und kräftig die Sehnen, die an der Kniekehle sitzen. Macht es so, wie ein Kontrabassist die Saiten seines Kontrabasses zupft.
- Wenn ihr auch dies ungefähr zehn Mal gemacht habt, so macht mit der Bewegung weiter, und zwar den ganzen Weg hoch entlang der Rückseite des Oberschenkels, immer noch kräftig und gründlich. Es sollte so wirken, daß ihr ein Wärmegefühl am Bein spürt.
- Wiederholt die ganze Übung drei oder vier Mal und geht dann zu dem anderen Bein über, wo ihr es genauso macht.
- Wenn alle fertig sind, macht mit *Schulterkreisen* weiter: Stellt euch alle hin. Legt eine Hand auf die entgegengesetzte Schulter und laßt sie mit ihrem ganzen Gewicht dort liegen, so daß die Schulter an

ihrem Platz bleibt, während ihr den nächsten Teil der Übung macht.

- Macht mit eurer Schulter die allerkleinsten Kreisbewegungen, die ihr überhaupt machen könnt. Sie sollen ruhig und langsam vor sich gehen und ganz klein sein, denn das Ziel dabei ist, daß der Nacken gelöst wird. Laßt den freien Arm schwer und entspannt nach unten hängen und atmet ruhig, während ihr etwa zwanzig dieser Kreisbewegungen macht. Wenn ihr fertig seid, macht mit der anderen Schulter weiter."

Zum Abschluß bitten Sie die Schüler, genau das Gleiche wie am Anfang zu machen:

- „Stellt euch mit einem leichten Abstand zwischen den Beinen hin, wie am Anfang. Legt genauso wie vorhin eure Hände unter die Gesäßbacken und hebt sie gut an, so daß die Muskeln in den Kniekehlen wieder so stark gedehnt werden können wie nur möglich. Lehnt nun den Körper von den Hüftgelenken aus nach vorne, soweit ihr könnt, und laßt dann die Hände los, während ihr euch weiter nach vorne beugt, so als ob ihr den Magen an die Schenkel lehnen wolltet. Die Arme hängen dabei entspannt zum Boden hinunter, der Kopf ebenfalls. Wenn ihr spürt, daß ihr nicht weiter nach unten kommt, versucht festzustellen, ob ihr diesmal weiter nach unten gekommen seid als am Anfang. Merkt euch, um *wieviel* ihr tiefer hinunterkommt und *wie* sich das anfühlt.

- Wenn ihr euch genug Zeit genommen habt, um das zu registrieren, beugt wieder die Knie und richtet dann langsam den Körper auf, bis ihr wieder gerade steht."

Jetzt ist es wichtig, daß Sie Ihre Schüler von dem Unterschied, den sie gespürt haben, und von dem veränderten Abstand zum Boden, den sie gesehen haben, erzählen lassen. Höchstwahrscheinlich werden Sie erfahren, daß weit mehr als die Hälfte der Schüler das zweite Mal weiter hinunterkam als das erste Mal, und Sie werden sie sicher alle erzählen hören, daß es sich beim zweiten Mal auf jeden Fall leichter und angenehmer anfühlte, dort unten anzukommen. Es wäre sehr günstig, die Übung noch einmal zu wiederholen, so daß *alle* noch einmal die Chance haben, den Unterschied zu spüren und zu sehen.

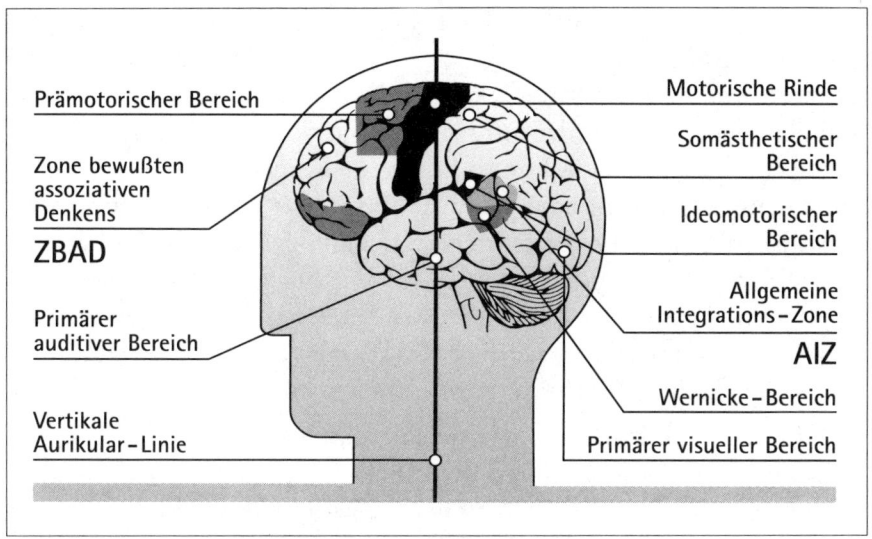

Abbildung 11: Die Allgemeine Integrations-Zone (AIZ)
(Quelle: Stokes/Whiteside, *One Brain*, S. 43)

Anmerkung

Es gibt auch noch andere Übungen, die Ihnen dabei helfen können, die Muskeln der Körperrückseite zu entspannen. Sie finden sie in Kapitel 13.

Kommentare

Um die Hintergründe dieser Übung zu verstehen, ist es notwendig, sich das Funktionieren des Gehirns genauer anzuschauen, und zwar von einer der Theorien ausgehend, die einen Teil des Fundamentes des *One-Brain*-Systems bilden: die Theorie von der Allgemeinen Integrations-Zone (AIZ).

Mit Erlaubnis der Verfasser, Gordon Stokes und Daniel Whiteside, bringe ich an dieser Stelle eine der Illustrationen aus dem Buch *One Brain* (siehe oben).

Die AIZ liegt in der linken Gehirnhälfte, hinter der oberen Hälfte des Ohres. Stokes und Whiteside beschreiben in ihren Büchern (Literaturverzeichnis Nr. 1 und 2) genau die Funktion dieses Bereiches, und deswegen will ich hier nur folgendes sagen: Wenn dieser Bereich so funktioniert, wie er sollte, so können wir unser *ganzes* Gehirn als *Einheit* nutzen. Dann sind wir nämlich in der Lage, die Inputs zu registrieren, die unser Vorderhirn erreichen (also den Gehirnbereich, mit dem wir die Dinge klar sehen, wo wir bewußt und assoziierend denken und verstehen), ohne daß diese Eindrücke von automatischen Reaktionen unterdrückt werden, Reaktionen die in Verbindung mit früheren negativen Erfahrungen entstanden sind.

Funktioniert die AIZ so, wie sie soll, dann ist die Zusammenarbeit zwischen dem Vorderhirn und dem rückwärtigen Teil des Gehirns in Ordnung. Und dann haben wir eher die Möglichkeit, die Integration der Funktionen der rechten und linken Gehirnhälfte zu verstärken; auch die Möglichkeit, Zugang zu den kreativen Funktionen der analogen (meist rechten) und nichtbeurteilenden Gehirnhälfte zu bekommen, ist eher gegeben.

Funktioniert die AIZ dagegen nicht so, wie sie sollte, dann entsteht eine Blockade der Integration der vielen Sinneseindrücke, die auf uns einströmen. Unser Verhalten wird dann von den Streßreaktionen Kampf oder Flucht beherrscht – ein Verhalten das vom „Autopiloten" gesteuert wird; ein Verhalten, das davon geprägt ist, daß wir einfach so reagieren, wie wir es immer tun, weil wir uns einbilden, daß es nur so und nicht anders geht!

Wenn wir keine Blockaden in der AIZ haben, so wird unser Verhalten ganzheitlich, nicht nur bezogen auf Lesen und Schreiben, sondern generell. Wir sind dann nämlich imstande, eine *bewußte Wahl* zu treffen und damit die Zukunft zu formen, die wir uns wirklich wünschen. Eine Zukunft in Wachstum und Entwicklung.

Mit anderen Worten: Wenn die AIZ so funktioniert, wie sie soll, dann *wissen* wir, was wir *empfinden*, wissen all das, was wir fühlen (hören, sehen, schmecken, tasten etc.). Das ist der Grund dafür, daß wir dann verhindern können, von unseren unumgänglichen Streßverursachern überrannt zu werden. Und damit haben wir einige Voraussetzungen, um damit aufzuhören, unsere Schwierigkeiten zu leugnen, und um ihnen statt dessen ohne Angst ins Auge zu sehen, so daß wir kreativ, das heißt mit dem *ganzen* Gehirn, anfangen können, uns zu verändern.

Wie ich schon in der Einleitung schrieb:

Wir können ...,
wir wollen ...,
wir trauen uns ...
– und wir freuen uns!

Der Zusammenhang

Wie ist nun der Zusammenhang zwischen der eben gelernten Übung und der AIZ? Sie haben gelesen, daß wir wie immer mit Streß reagieren, wenn die AIZ nicht so funktioniert, wie sie sollte: Wir schalten unseren Autopiloten ein, der uns hilft zu überleben, egal wie. Das heißt, jedesmal wenn wir einem Streßverursacher begegnen, der früher schon einmal eine Streßreaktion in unserem Körper verursacht hat, erinnern unsere Zellen die spezifische Reaktion, die mit dem spezifischen Streßverursacher genau zu dem Zeitpunkt verbunden war, als wir ihm begegneten, und unsere Zellen erinnern auch, daß genau diese Reaktion die Grundlage für das Überleben war. Deswegen schalten wir wieder den Autopiloten an, wenn wir dem genannten Streßverursacher begegnen, und das passiert ohne jede Überlegung, das heißt, ohne daß das Vorderhirn mit seinem bewußten, assoziierenden Gedankengang zu Wort kommt.

*

Wir meinen hier die emotionalen Streßreaktionen, die entstehen, wenn wir Schmerzen, Furcht oder Furcht vor Schmerz haben, wobei dieser Schmerz sowohl physisch als auch psychisch sein kann:

Wir werden steif vor Schreck,

wir sind wie eingefroren,

wir stehen wie gelähmt da,

wir tun unser Möglichstes, um uns hochzuhalten,

wir krümmen uns vor Schmerzen zusammen – und noch vieles mehr.

Der emotionale Schmerz oder die Furcht wird – wie die Ausdrücke zeigen – von einer physischen, das heißt einer rein körperlichen Reaktion begleitet, und genau diese körperliche Reaktion heben wir auf, wenn wir die Übung machen, die uns dazu bringt, die Verspannungen auf der Rückseite des Körpers loszuwerden. Wenn wir diese Verspannungen loswerden, können wir uns besser bewegen, wir werden uns umsehen und neue Möglichkeiten entdecken.

Wie die Psyche und die Emotionen unseren physischen Körper beeinflussen, so kann unsere Körperhaltung und unsere rein physische Entfaltung unsere Psyche und unsere Emotionen beeinflussen. Daher wenden wir die Übung, die Sie in diesem Kapitel gelernt haben, als Entspannungshilfe an, wenn wir durch Muskeltesten herausfinden, daß eine Blockierung der AIZ vorliegt.

Viele Rückmeldungen meiner Kursteilnehmer bestätigen mir die Wirksamkeit der Übung und daß auch sie die Übung mit gutem Resultat weitergegeben haben. Bei den Rückmeldungen wird von einer größeren Geschmeidigkeit berichtet und davon, daß die Betreffenden nicht mehr mit durchgedrückten Knien stehen, daß der Kreislauf besser funktioniert usw.

*

Auch wenn Sie noch keine Beschwerden haben, gilt hier wiederum der Grundsatz des Vorbeugens. Es täte uns allen wohl gut, in unseren verspannten Gelenken und Muskeln flexibler zu werden oder unsere schon bestehende Flexibilität zu bewahren. Es tut uns allen gut, uns frei bewegen zu können und beweglich zu *bleiben*, und wir können außerdem größere Beweglichkeit und Flexibilität in unserer Seele erreichen.

Die Übung ist übrigens auch unübertrefflich als Entspannungsübung für die Muskeln der Kniekehlen.

Kapitel 11

Das Energiefeld des Körpers intakt halten

Die nächste Übung kann Ihnen helfen, das elektromagnetische Feld, das sich permanent außen um Ihren Körper herum befindet, intakt zu halten, auch wenn viele Menschen ständig um Sie herum in Bewegung sind. Das ist eine Situation, die die meisten von uns aus ihrem Alltag kennen: am Arbeitsplatz, im Verkehr, beim Einkaufen usw. Diese Unruhe stört uns nicht, wenn wir ausgeglichen sind, aber ab und zu sind wir nicht so ausgeglichen, wie wir es gerne hätten, und in solchen Situationen tut es uns gut, das Gleichgewicht wiederherzustellen und die Streßreaktionen aus dem Körper zu verbannen.

Die *Harmonisierungsübung* – alleine

- Setzen Sie sich auf einen Stuhl, in aufrechter, lockerer Sitzhaltung, wie Sie es am Anfang jeder Übung zu tun pflegen.
- Legen Sie eine Hand auf die Nabelgegend und gleichzeitig die andere Hand auf die Stirnpunkte: den Daumen auf den einen und Zeige- und Mittelfinger auf den anderen Punkt (oder die ganze Handfläche quer über die Stirn). Denken Sie daran, daß es wie immer eine sehr zarte Berührung sein soll.
- Sitzen Sie still und ruhig eine Minute oder länger in dieser Haltung, und achten Sie währenddessen auf ruhiges Ein- und Ausatmen.

Wenn Sie diese Übung dringend gebraucht haben, so werden Sie sicherlich bald spüren, wie Sie sich allmählich besser fühlen. Sollten Sie keinen akuten Bedarf an der Übung, sondern nur Lust am Ausprobieren haben, so werden Sie vielleicht keine große Veränderung bemerken.

Falls Sie die Übung brauchten, spüren Sie nicht nur, wie Sie sich immer besser fühlen, sondern Sie werden vielleicht auch merken, daß unter Ihren Fingerspitzen an der Stirn etwas passiert. Sie haben ja mittlerweile Erfahrung im Halten der Stirnpunkte: Vielleicht können Sie jetzt ein Pulsieren unter Ihren Fingerspitzen spüren. Es fühlt sich wie eine leichte Vibration an, ein leichtes Zittern, ein schwach pulsierender Rhythmus. Wenn Sie ihn spüren und auch feststellen, daß er synchron ist, das heißt gleichzeitig auf beiden Seiten der Stirn pulsiert, so wissen Sie, daß die Energie wieder frei zu Ihrem Gehirn fließt. Die Blockierung ist aufgehoben.

Sollten Sie noch kein derartiges Gefühl an den Fingerspitzen haben, dann spüren Sie dem weiter nach, jedesmal wenn Sie Ihre Stirnpunkte oder die eines anderen Menschen leicht halten. Eines Tages werden Sie es plötzlich bemerken, und von da an werden Sie es immer können. Strengen Sie sich nicht an, es zu bemerken. Halten Sie sich einfach offen für die Möglichkeit, daß es irgendwann einmal geschieht, früher oder später.

- Auf alle Fälle: Halten Sie die Stirnpunkte mindestens eine Minute lang oder so lange, bis Sie fast automatisch einen tiefen Atemzug machen, beinahe wie ein Seufzer.

Die *Harmonisierungsübung* in einer Gruppe

Sie können, wie schon angesprochen, andere an den eigenen Erfahrungen teilhaben lassen, die Sie beim Ausführen der Übung gemacht haben. Erzählen Sie davon, wie Sie es gemacht haben, in welchen Situationen, und wie die Übung auf Sie gewirkt hat.

Wenn Sie Lehrer sind oder anderweitig Verbindung zu Gruppen von Kindern oder Erwachsenen haben, dann können Sie nach folgender Anleitung vorgehen:

Abbildung 12: Die *Harmonisierungsübung*

- „Bevor wir mit unserer Arbeit weitermachen, wäre es für uns alle von Vorteil, wenn das Energiefeld, das außen um unseren Körper herum liegt, ‚ganz‘ wäre, so daß wir gut damit umgehen können, daß es in dieser Stunde sehr viel Bewegung im Raum geben wird. Sind einige von euch schon vorher gestreßt, weil das Energiefeld bereits in einem hohen Grad gestört worden ist, sei es durch den Verkehr oder in der Pause, dann wird die Harmonisierungsübung um so wichtiger sein. Sie wird uns helfen, die Energie wieder frei durch den Körper und somit zum Gehirn strömen zu lassen, so daß das Gehirn wieder klar denken und danach handeln kann.
- Tut euch diesmal zu zweit zusammen. Der eine bleibt (aufrecht und locker) auf dem Stuhl sitzen, während der andere aufsteht und sich neben seinen Partner hinstellt oder sich mit dem eigenen Stuhl seitlich zum Partner hin setzt.

- Die Helfer legen jetzt eine Handfläche auf die Nabelgegend des Partners, während sie den Daumen und die Zeige- und Mittelfinger der anderen Hand auf seine Stirnpunkten legen. Denkt daran, die Punkte sehr sanft zu halten, so als ob ihr den Flügel eines Vogels oder etwas leicht Zerbrechliches halten würdet.

- Laßt eure Hände dort verweilen, bis ich sage, daß ihr sie entfernen sollt. Das wird zwischen einer und zwei Minuten dauern.

- Während ihr die Stirnpunkte haltet, solltet ihr euch auf das konzentrieren, was ihr unter euren Fingerspitzen fühlt. Vielleicht könnt ihr einen ganz schwach pulsierenden Rhythmus fühlen. Wenn ihr nichts merkt, dann könnt ihr trotzdem sicher sein, daß die Übung eurem Partner guttut. Sie hilft ihm, das Energiefeld um den Körper herum im Gleichgewicht zu halten und – wenn nötig – dieses Energiefeld zu ergänzen, damit es wieder wie eine schützende Schicht rund um den Körper liegt, so daß sich euer Partner wieder wohl fühlt und er gut mitarbeiten kann bei dem, was wir gleich machen werden."

Nach ein bis zwei Minuten sagen Sie:

- „Alle diejenigen, deren Stirnpunkte gehalten werden, atmen jetzt tief ein, und währenddessen entfernt euer Partner seine Hände von Stirn und Nabelgegend. Atmet danach gut aus. Bleibt einen Augenblick so sitzen und genießt die Ruhe, die sich in eurem ganzen Körper ausgebreitet hat.

- Tauscht anschließend die Rollen."

Wenn alle fertig sind, ist es wichtig, daß Sie darüber reden, was die Schüler in ihrem Körper gefühlt haben, und darüber, wie sie die Veränderung, die Ruhe empfunden haben. Empfehlen Sie ihnen, diese Übung anzuwenden, wenn sie ab und zu finden, daß viel zu viel Unruhe um sie herum ist, und wenn sie etwas dafür tun wollen, daß sie sich wohler fühlen können. Sagen Sie ihnen auch, daß sie die Übung natürlich genausogut alleine machen können, daß es nicht mit einem Partner sein muß – daß es dann aber oft schöner ist!

Kommentare

Wie kann man sich das Energiefeld, das den Körper umgibt, vorstellen? Damit ist gemeint, daß Energien, wie sie durch unseren Körper entlang der Meridiane, von einem Akupunkturpunkt zum anderen strömen, auch außerhalb unseres Körpers, um ihn herum strömen. Diese Energie kann tatsächlich gemessen, gefühlt, ja sogar fotografiert werden. [Sie haben vielleicht schon von der Kirlianfotografie gehört.] Sie ist ständig in Bewegung, genauso wie das Blut, die Lymphe, die Atmung und die Nervenimpulse in unserem Körper immer in Bewegung sind.

Diese Energie strömt sowohl außerhalb als auch innerhalb des Körpers, und sie umgibt den Körper mit einem schützenden Feld. Ist dieses Feld intakt (und das ist so, wenn wir uns wohl und ausgeglichen fühlen), dann werden wir nicht gestreßt reagieren, selbst wenn das Feld gestört werden sollte. Weist das Feld dagegen „Löcher" auf, weil der Energiestrom an einer oder an mehreren Stellen blockiert wird, dann sind Teile unserer Körperoberfläche ungeschützt, und dann setzt die Alarmbereitschaft des Körpers ein, so daß wir als Reaktion auf unsere Furcht zum Kampf oder zur Flucht ansetzen.

Kapitel 12

Über Kreuz denken und bewegen

Nun kommen wir zu dem, was die meisten Menschen, die schon etwas von der Kinesiologie gehört haben, damit in Verbindung bringen: zur *Überkreuzbewegung,* der wohl bekanntesten *Brain-Gym®*-Übung. Wörtlich übersetzt bedeutet der englische Name *Cross Crawl:* „Überkreuzkrabbeln", das heißt, mit einem über Kreuz verlaufenden Bewegungsmuster krabbeln. (Erst linke Hand und rechten Fuß vorwärtsbewegen, dann rechte Hand und linken Fuß, usw.) Der Ausdruck wird jedoch nicht ausschließlich nur für Krabbelbewegungen gebraucht, sondern auch für Überkreuz-Bewegungsmuster, die im Stehen, Sitzen oder Liegen ausgeführt werden.

Rein neurologisch gesehen sind diese Bewegungsmuster alle gleich: Sie beinhalten das Überkreuzen der Mittellinie, das gleichzeitige Aktivieren beider Körperhälften in diagonalen Bewegungen – und das bedeutet auch Aktivieren und Zusammenarbeiten beider Gehirnhälften. Beispiele von Varianten der *Überkreuzbewegung* gebe ich Ihnen mit den Zeichnungen auf Seite 119.

Am meisten werden solche Menschen von dieser Übung profitieren, die in ihrer Bewegungsentwicklung diejenige motorische Entwicklungsstufe erreicht haben, auf der das Überkreuzbewegen automatisch und damit selbstverständlich geworden ist; auf dieser Stufe läßt es sich auch als asymmetrisches Bewegungsmuster ohne kompensatorischen, hilfsweise begleitenden Einsatz anderer Muskelgruppen charakterisieren. [Kompensatorisch wäre zum Beispiel das „unterstützende" Mitbewegen des Kopfes beim Ausführen einer Überkreuzbewegung.] Hat ein Mensch diese Entwicklungsstufe erreicht und ist er frei von Streß, so wird er in den meisten Fällen die *Über-kreuzbewegung* machen können, ohne sie als etwas anderes als eine angenehme Herausforderung zu erleben; eine Herausforderung, von der man profitieren kann.

Wer aus dem einen oder anderen Grund diese Stufe des asymmetrischen Bewegungsmusters ohne Mitbewegen anderer Muskeln nicht erreicht hat oder emotionalen Streß in einer Situation erlebt hat, in der die Gehbewegung oder andere Überkreuz-Bewegungsmuster mitbeteiligt waren, der ist höchstwahrscheinlich ein sogenannter „Paßgänger" geworden. Das will heißen, daß ein solcher Mensch dazu neigt, sich im Paßgang zu bewegen. (Hand und Fuß der *gleichen* Körperseite werden gleichzeitig bewegt.) Muskeltesten zeigt in diesem Fall, daß das Ausführen der Paßgangbewegung (auch Homolateralbewegung genannt) zu keiner Form von Streßreaktion führt: Der Tonus des Testmuskels wird beibehalten. Dagegen gäbe es eine Streßreaktion, die sich im Körper manifestiert, wenn dieser Mensch die Überkreuzbewegung ausführen müßte: Der Muskeltonus würde herabgesetzt. Das wäre ein Zeichen dafür, daß der neurologische Energiestrom zu den beiden Gehirnhälften blockiert ist, daß die Zusammenarbeit blockiert wird. Während unter normalen Umständen jede Gehirnhälfte zur Zusammenarbeit bereit ist, passiert jetzt folgendes: Die eine Hälfte versucht die Funktion der anderen zu kontrollieren. Da es fast immer die logisch-digitale Gehirnhälfte (meistens die linke) ist, die in solchen Situationen die Oberhand gewinnt, wird die rechte Hälfte in diesem Moment blockiert; dort wird aber unsere automatische Bewegungskoordination angesiedelt, ebenso wie das Gefühl unseres Körpers für Zeit und Raum.

Kann man eigentlich sehen, ob jemand Paß- oder Kreuzgänger ist? Ganz selten sieht man Menschen, die beim Gehen das Bein und den Arm der gleichen Seite gleichzeitig nach vorne schwingen. Daran kann man erkennen, daß sie Paßgänger sind.

Andere Menschen gehen so, daß man vermuten könnte, daß ihre Gehfunktion mit Streß besetzt ist. Einige von ihnen gehen vielleicht mit den Händen in den Hosentaschen, andere halten die Arme eng am Körper, ohne daß sie frei mitschwingen. Einige gehen mit den Armen

Abbildung 13: Varianten der *Überkreuzbewegung*

am Rücken, andere halten immer die übereinandergekreuzten Arme auf der Brust, und wiederum andere lassen nur *einen* Arm mitschwingen, während sie gehen.

Paßgänger sollten meiner Meinung nach am besten nach der Pädagogischen Kinesiologie / *One Brain* getestet und balanciert werden. Nachdem eine solche Balance, das sogenannte *Re-Patterning* oder Neubahnen des Überkreuzmusters, stattgefunden hat, kann der bisherige „Paßgänger" in Zukunft alle Überkreuzbewegungen mitmachen und wirklich davon profitieren. Ja, nach der Balance sollte die Übung am besten täglich gemacht werden, um damit die Wirkung zu untermauern. [Die Durchführung einer Balance können Sie ebenso wie das Muskeltesten nur in Kursen erlernen. Näheres dazu im Anhang.]

Falls Sie die *Überkreuzbewegung* mit einer Gruppe von Menschen machen möchten, dann sollten Sie wissen, daß *alle* die Übung ohne Bedenken eine Minute lang machen können. Kein Paßgänger wird dabei Schaden nehmen! Andererseits werden solche Menschen keine Freude daran haben, *mehr* davon zu machen. Sollte jemand große Schwierigkeiten bei der Koordination haben, dann sollte er sich einfach hinsetzen und zuschauen, oder man könnte ihm auch bei der Übung helfen. Sie sollten also nur dann Übungen in einem größeren Umfang ansetzen, wenn Sie sicher sind, daß alle Teilnehmer dazu in der Lage sind.

Die *Überkreuzbewegung* in einer Gruppe

Arbeiten Sie mit dieser Übung als Teil eines Übungsprogramms in einer Klasse oder mit einer Gruppe Erwachsener in einem anderen Zusammenhang, dann vermeiden Sie es, etwas zu forcieren. Legen Sie eine rhythmisch betonte Musik auf, singen Sie ein Lied oder summen Sie eine Melodie, während Sie auf der Stelle gehen oder eine der anderen Variationen ausführen.

Wenn die Übung allen Spaß und keine Probleme macht, dann machen Sie einfach weiter. Sollten einige Teilnehmer Schwierigkeiten mit der Übung haben oder sich verwirrt fühlen, dann lassen Sie sie einfach zuschauen, bis Sie zu anderen, leichteren Übungen übergehen.

Sind Sie in einer Situation, die es Ihnen ermöglicht, gründlicher an einem solchen motorischen Problem zu arbeiten, dann schlage ich Ihnen vor: Denken Sie an die motorische Entwicklung des Kindes und machen Sie dementsprechend ein Übungsprogramm, für das Sie die Reihenfolge der Übungen so wählen, daß Sie die Übenden alle Entwicklungsstufen noch einmal durcharbeiten lassen. Meiner Meinung nach würden andere motorische Trainingsprogramme wie zum Beispiel Roll-, Kriech- und Krabbelprogramme durch eine solche Ergänzung viel gewinnen. Ich sage das, weil ich durch meine kinesiologische Arbeit mit vielen Schülern zu tun gehabt habe, die trotz vieler Stunden vorausgegangenen motorischen Trainings (mit den allerbesten Absichten und Methoden) immer noch Paßgänger waren.

Die aus meiner Sicht notwendige Ergänzung besteht aus zwei Dingen:

- Arbeit an der Weiterentwicklung und weiteres Training des kinästhetischen Sinnes. Wenn dieser in Ordnung ist, wird das motorische Training in weitaus kürzerer Zeit bessere Wirkung haben.

Im großen und ganzen sollte das motorisch-perzeptorische Entwicklungsprofil des Kindes ausgeglichen sein, das heißt, das Kind sollte auf allen Gebieten gleich weit sein, bevor man das Training unter grobmotorischem Aspekt anfangen kann. (Siehe Literaturverzeichnis, Nr. 13, 14, 15, 16.)

- Wenn Sie die Grobmotorik trainieren, dann fangen Sie von Grund auf an, nämlich mit den *Massenbewegungsmustern.* (Unwillkürliche Bewegungen mit dem ganzen Körper) Das ist überhaupt nicht schwer! Eine Platte oder eine Kassette mit schöner, sanfter Musik wird aufgelegt, und Sie sagen Ihren Schülern, sie sollten sich auf den Rücken (oder auch auf den Bauch) legen und Bewegungen mit Armen und Beinen machen. Fordern Sie Ihre Schüler auf zu spüren, wie der übrige Körper sich mitbewegt, obwohl es hauptsächlich die Arme und Beine sind, die arbeiten! Denken Sie an den Säugling, wie er sich bewegt, wenn er in seinem Bett oder auf dem Wickeltisch liegt: Diese Art von Bewegungen meine ich. Wir wissen, daß diese Bewegungen mit dem Klang von Stimmen – oder Musik – in der Umgebung des Kindes genau koordiniert sind.

Wenn Ihre Schüler diese Bewegungen durchführen und damit auch weitermachen können, während Sie ihnen Fragen stellen und sie antworten müssen, dann haben sie die Massenbewegungsphase erreicht. Das kann kurze oder längere Zeit dauern. Wenn sie die eben genannten Dinge beherrschen, dann lassen Sie sie weitermachen mit symmetrischen, *homolateralen* Bewegungen. Das heißt: auf dem Rücken oder auf dem Bauch, zur Musik und so lange, bis sie einen so hohen Grad an automatischer Selbstverständlichkeit in dieser Bewegungsstufe erreichen, daß sie Antworten geben können, ohne aus dem Rhythmus zu kommen. Auch Hüpf- und Schaukelbewegungen gehören irgendwann dazu; setzen Sie aber keine Paßgangbewegungen als Teil des motorischen Trainings ein. *Auf keinen Fall!*

Wenn Sie sehen und spüren, daß die symmetrische, homolaterale Phase genügend durchgearbeitet ist, können Sie zu den Roll-, Kriech- und Krabbelbewegungen übergehen und höchstwahrscheinlich ein gutes Resultat erzielen.

*

Mit Hilfe der Kinesiologie ist es mittlerweile möglich geworden, einfach und schnell ein gut koordiniertes Überkreuz-Bewegungsmuster zu erreichen. Innerhalb von fünf bis zwanzig Minuten verändern wir ein symmetrisches, homolaterales Bewegungsmuster zu einem neurologisch gut koordinierten Überkreuz-Bewegungsmuster. Und das hält an – nicht nur für *einen Tag*, sondern auch für die Zeit danach, und das tägliche natürliche Überkreuzbewegen der Kinder stellt nun per se eine positive Stimulation für sie dar. Wir können es genausogut umgekehrt sagen: Durch die Neubahnung sind die Voraussetzungen dafür geschaffen, daß grobmotorische Bewegungen (wie beim Joggen oder beim zügigen Gehen) eine positive Stimulation darstellen, denn die Schüler sind (in bezug auf Überkreuzbewegungen) streßfrei geworden, und die Energieblockaden sind aufgehoben.

*

Mit dem Wissen, das Sie jetzt haben, kann es sein, daß Sie es für sinnvoll halten vorzuschlagen, daß die Schüler, die Schwierigkeiten mit der Koordination haben, die Möglichkeit bekommen, kinesiologisch getestet und (wenn es notwendig ist) balanciert zu werden. Oder vielleicht können Sie einen Berater dafür gewinnen, Ihre Gruppe oder Ihre Klasse zu testen. Wenn alle getestet worden sind und das Balancieren bei den wenigen stattgefunden hat, wo es sich als notwendig erwiesen hat, dann können Sie sichergehen, daß der neurologische und energetische Austausch zwischen den beiden Gehirnhälften bei allen frei fließt. Das wäre sehr schön für Ihre Schüler, und das würde auch bedeuten, daß Sie viel mehr Freiheit in der Wahl der Übungen haben.

Für die Schüler wird das nicht nur bedeuten, daß es ihnen leichter fällt, ihre Bewegungen zu koordinieren. Es bedeutet auch, daß die Zusammenarbeit zwischen den Gehirnhälften so vor sich geht, daß sie den Hintergrund für das bestmögliche Erlernen verschiedener Fertigkeiten bildet, darunter auch das Lesen. Solange neurologische und energetische Blockierungen bestehen, wird es höchstwahrscheinlich auch emotionale Blockierungen geben, und diese werden – jede für sich oder alle zusammen – offensichtliche Ursachen sowohl für Leseschwierigkeiten als auch für mehr generelle Schwierigkeiten sein.

Die *Überkreuzbewegung* – alleine

Hier gilt genau das gleiche. Horchen Sie in Ihren Körper hinein und finden Sie heraus, was er braucht und was ihm Freude macht, und wählen Sie dementsprechend Art, Menge und Dauer der Übungen aus.

Sind Sie durch die Überkreuzbewegung verwirrt und werden Sie nach der Gymnastikstunde müde vom Gehen und Laufen, dann suchen Sie sich jemanden, der Sie testen und – falls notwendig – balancieren kann. Wenn Sie diese Arbeit aufmerksam mitverfolgen, werden Sie merken, daß das Balancieren sehr zielgerichtet ist und daß es so gründlich gemacht wird, daß auch die Blockaden, die im „Gedächtnis" Ihrer Zellen versteckt sind, getestet und aufgelöst werden. Erst wenn man wirklich „reinen Tisch" gemacht hat, das heißt, wenn das abschließende Muskeltesten bestätigt, daß Sie frei von Blockierungen und Dysbalancen aus früheren Altersstufen sind, erst dann können Sie sicher sein, daß Ihr neurologisches Überkreuz-Bewegungsmuster in Zukunft mit automatischer Selbstverständlichkeit funktionieren wird, ohne von Ihren früheren oder derzeitigen Streßverursachern beeinflußt zu werden.

∗

Es waren die erstaunlichen und überzeugenden Veränderungen bei Paßgängern, die mich vor neun Jahren zu der Erkenntnis kommen ließen: „Aus diesem System werden ‚meine' motorisch unsicheren und leseschwachen Schüler viel mehr Freude und viel mehr Gewinn ziehen als aus normalem motorischem Training." Das hat sich als stichhaltig erwiesen, und deshalb arbeite ich mit der Pädagogischen Kinesiologie und deren verschiedenen Balancetechniken lieber als mit den anderen Methoden, die ich früher praktizierte.

Ein Beispiel

Ein Junge in der 4. Klasse hatte große Schwierigkeiten mit Lesen und Rechtschreibung, und durch Testen stellte sich heraus, daß er Paßgänger war. Dieses Bewegungsmuster wurde nach dem ersten Testen balanciert (hier: abgelöst), so daß er dann richtig koordiniert gehen konnte: Der Streß wurde außer Funktion gesetzt.

Der Junge machte danach zu Hause Überkreuzbewegungen, und als er zwei, drei Wochen später zu seinem nächsten Test kam, sagte er spontan: „Wissen Sie was? Das, was wir gemacht haben, hat mir sehr geholfen. Nach dem Sport und nach den Pausen bin ich überhaupt nicht mehr müde. Ich komme viel besser mit, bin auch viel frischer während der anderen Unterrichtsstunden und kann besser lesen." Letzteres war auch der Eindruck seines Lehrers, und der Junge machte weiterhin so gute Fortschritte in Lesen und Rechtschreibung, daß er einige Monate später wieder am normalen Unterricht teilnehmen konnte, statt den muttersprachlichen Unterricht als Sonderunterricht zu bekommen.

Er ist keineswegs ein Sonderfall. In unserem Erfahrungsbericht „Pädagogische Kinesiologie und das Überwinden von (Lese-) Schwierigkeiten" (veröffentlicht Ende 1989) wird geschildert, was Pädagogische Kinesiologie als Methode im Sonderunterricht bewirken kann. (Siehe Literaturverzeichnis, Nr. 12, in Dänisch)

Kapitel 13

Entspannung und Durchblutung der Muskeln verbessern

Die *Reflexzonenmassage*

- Stellen Sie sich mit leicht gegrätschten Beinen hin.

- Beugen Sie den Körper leicht nach vorn und beugen Sie dabei ganz leicht die Hüft- und Kniegelenke. Massieren Sie jetzt mit Ihren Handflächen oder mit leicht geballten Händen die Innenseite Ihrer Oberschenkel. Massieren Sie auf der ganzen Länge, aufwärts und abwärts, und zwar so kräftig, daß Sie fühlen, wie die Wärme strömt. Die meisten Menschen brauchen dafür eine halbe bis eine Minute.

- Massieren Sie danach die Außenseiten Ihrer Schenkel. Fangen Sie oberhalb Ihres Hüftgelenks an und massieren Sie von diesem Punkt bis zu den Kniegelenken – besser: bis unterhalb der Kniegelenke. Auch hier sollten Sie kräftig massieren, mindestens eine halbe Minute lang, so daß Sie Wärme spüren.

- Dann stellen Sie sich wieder gerade hin und massieren die Lendenpartie. Massieren Sie kräftig an beiden Seiten der Wirbelsäule, sowohl längs als auch quer. Spüren Sie auch hier die herrliche Wärme und machen Sie wieder eine halbe bis eine Minute so weiter.

- Zum Abschluß massieren Sie mit den geballten Händen den unteren Teil Ihres Brustkorbs, also die unteren Rippen. Wärme wird bald auch diesen Bereich durchströmen. Nehmen Sie sich dafür genausoviel Zeit wie für die anderen Stellen.

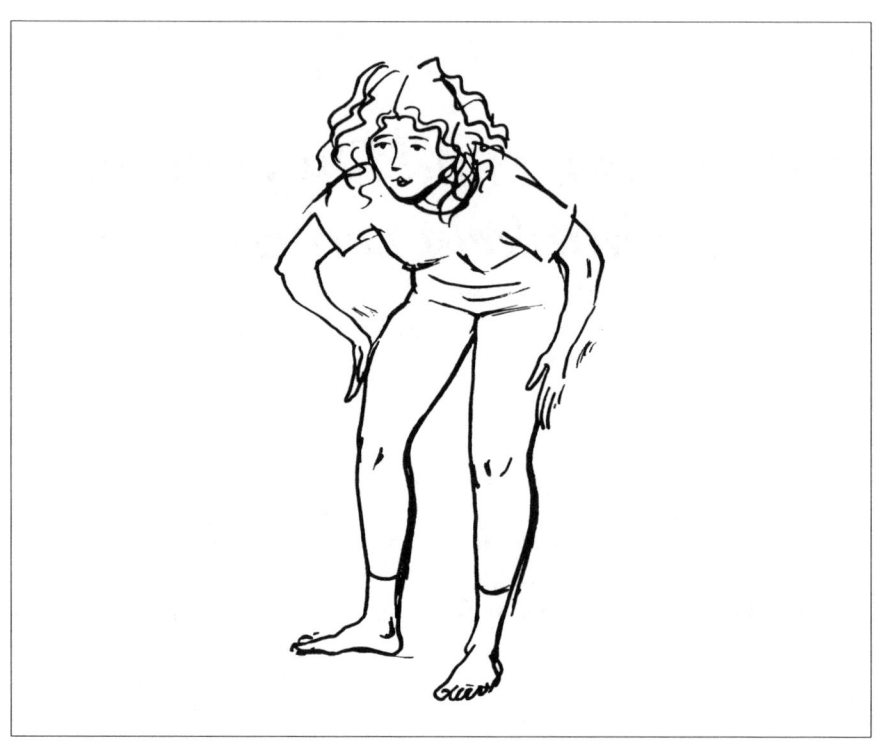

Abbildung 14: Die *Reflexzonenmassage*

Anmerkung

Sie können diese Übung mit der gleichen *Vorübung* anfangen und abschließen wie das *Sehnenzupfen* und *Schulterkreisen* in Kapitel 10. Sie werden höchstwahrscheinlich entdecken, daß Sie auch nach dieser Übung tiefer hinunterreichen können als vorher.

Kommentar zur *Reflexzonenmassage*

Die Stellen, die Sie in dieser Übung massieren, sind sogenannte neuro-lymphatische Zonen: Reflexzonen, deren Stimulierung den Lymph-fluß unterstützt; sie sind für die Beweglichkeit in den Hüftgelenken und im unteren Bereich der Wirbelsäule von Bedeutung. Auf diese Weise können viele Energieblockaden muskulärer und gelenkmäßiger Art aufgehoben werden. Die Massage unterstützt auch die Funktion des Dünndarm- und des Dickdarmmeridians. (Sie erinnern sich, daß alle Meridiane nach den mit ihnen korrespondierenden Organen be-nannt sind.) Die Übung trägt nämlich dazu bei, den Energiestrom zu diesen Organen zu normalisieren. Vor allem wenn wir eine sitzende Tätigkeit ausüben (wie zum Beispiel Büroarbeit, oft auch Arbeit in der Fabrik, Autofahren, an Kursen teilnehmen, auf der Schulbank sitzen oder vielleicht sitzen und ein Buch schreiben), kann uns diese Übung gut helfen.

Diese kräftige Massage tut dem ganzen Lymphsystem gut – die Lymphflüssigkeit hilft uns, Schlacken („Abfallstoffe") auszuschei-den. Hören Sie auf Ihren Körper und stellen Sie fest, in welcher Art und Weise die Übung für Sie wichtig ist. Die durch das Massieren erreichte Entspannung der Kniemuskeln und der angrenzenden Mus-kelgruppen ist auf alle Fälle für die meisten von uns angenehm.

Das *Fußrollen*

Diese Übung wird Ihnen – genauso wie die vorhergegangene – dazu verhelfen, die Muskeln auf der Rückseite des Körpers zu entspannen und damit beweglicher zu werden. Wenn Sie ohnehin schon beweg-lich sind, so wird es Ihnen Spaß machen, dies zu spüren, und trotzdem werden Sie erleben, daß sich Ihre Bewegungen nach der Übung noch leichter und weniger anstrengend anfühlen als vorher. Während die vorhergehende Übung hauptsächlich den Energiestrom zu *den* Mus-keln stimuliert, die Verbindung zu Dünn- und Dickdarmmeridian haben, so wird die nächste Übung darauf abzielen, die Energie des „Dreifachen-Erwärmer-Meridians" [das ist der Meridian, der das optimale Funktionieren der Nebennieren unterstützt] so zu stimulieren, daß Sie in Streßsituationen einen ausgeglichenen Energiestrom in Ihrem Körper wiederherstellen können.

Wenn Sie alleine üben

Am Anfang machen Sie die gleiche *Vorübung*, die ich in Kapitel 10 beschrieben habe, das heißt, Sie stellen fest, wie weit Sie nach unten kommen, wenn Sie sich von den Hüftgelenken aus nach vorne lehnen und dann den Rücken beugen. Reichen Ihre Fingerspitzen bis an die Knie? Oder weiter hinunter? Diese einleitende Übung ist nur als Feststellung und nicht als ein Vergleich zu anderen zu verstehen. Es geht immer nur darum, wie weit Sie *vor* der Übung kommen und wie weit *danach*. Denken Sie daran, die Knie zu beugen, bevor Sie den Rücken in die aufrechte Stellung zurückbewegen.

Wenn diese Vorübung abgeschlossen ist, nehmen Sie einen Tennisball oder einen anderen harten Ball und rollen ihn mit der Unterseite Ihres Fußes hin und her. (Sie sind barfuß.) Sie sollten währenddessen weiterhin stehen, so daß Sie einen deutlichen Druck auf den Tennisball ausüben. Lassen Sie Ihren Fuß den Ball so bewegen, daß die gesamte Fußsohle gut durchgearbeitet wird, auch der innere und äußere Rand des Fußes und die Zehen. Setzen Sie das einige Minuten fort, bis sich Ihre Fußsohle warm und lebendig anfühlt und bis Sie alle Bereiche wirklich gut durchgearbeitet haben.

Danach nehmen Sie den Fuß vom Ball und beugen den Körper nach vorne, um zu sehen, wie weit Sie jetzt nach unten reichen können. Sie werden aller Wahrscheinlichkeit nach entdecken, daß Sie auf der mit dem Ball massierten Seite weiter und leichter zum Boden hinunterkommen. Setzen Sie die Übung dann mit dem anderen Fuß fort, und schließen Sie wiederum damit ab, daß Sie feststellen, wie nahe Sie mit Ihren Fingerspitzen – oder mit den ganzen Händen? – dem Boden kommen. Es hat geholfen, nicht wahr?

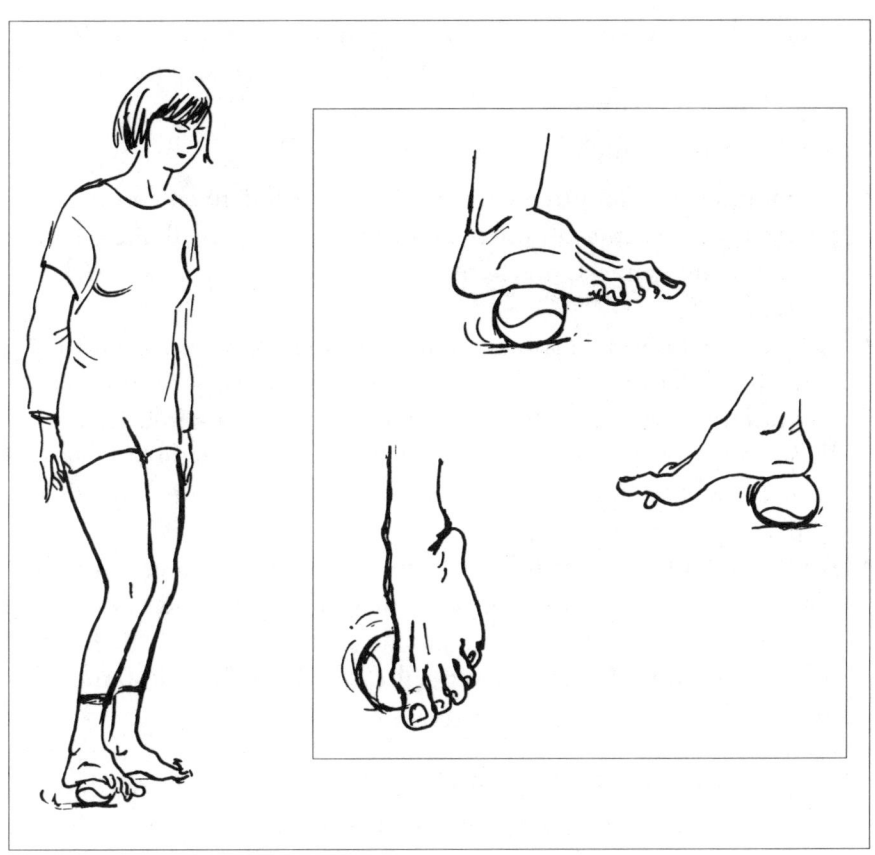

Abbildung 15: Das *Fußrollen*

Wenn Sie mit einer Gruppe üben

Sie können die Übung sehr leicht mit einer Gruppe machen, vorausgesetzt, Sie haben so viele Bälle, wie Teilnehmer dabei sind. Haben Sie es mit Kindern zu tun, so ist es natürlich von großer Bedeutung, daß Sie vor Beginn der Übung gründlich erklären, worauf es dabei ankommt. Nach meinen Erfahrungen ist dies sehr wichtig, um zu verhindern, daß die Bälle die ganze Zeit auf dem Boden nur so hin und her rollen.

Man braucht ein wenig Kontrolle, um den Ball unter dem Fuß behalten zu können – ja, und man muß mit der Fußsohle festen Druck auf den runden Ball ausüben.

So könnte Ihre Anleitung lauten:

- „Steht mit dem Hauptteil eures Gewichtes auf dem einen Bein und nehmt euren Tennisball unter den Fuß des anderen Beines. Fangt dann an, die ganze Unterseite des Fußes mit dem Ball durchzukneten.

- Laßt euren Fuß mit großem Druck auf dem Ball ruhen und rollt dann den Ball mit eurem Fuß vorsichtig hin und her – ohne den Ball zu verlieren. Rollt ihn der Länge nach mit dem inneren Rand des Fußes bis zum vorderen Teil und den Zehen und dann wieder zurück. Drückt so stark, daß ihr den Druck des Fußes auf den Ball gut spürt.

- Rollt den Ball auch am äußeren Rand des Fußes entlang, sorgfältig zum mittleren Teil und weiter bis hin zur Ferse. Massiert eure Fußsohle weiter, bis sie sich warm, geschmeidiger und beweglicher anfühlt. Hört erst dann auf, wenn ihr alle Teile der Fußunterseite massiert habt.

- Solltet ihr irgendwo eine empfindliche Stelle spüren, dann massiert dort etwas länger, bis ihr merkt, daß die Fußmuskulatur nachgibt. Laßt nach der Übung den Ball einen Augenblick liegen, während ihr euch noch einmal aus der Hüfte nach vorn in Richtung Boden beugt. Streckt besonders den Arm nach unten, der zur Seite des massierten Fußes gehört, und seht, wie weit ihr jetzt kommt. Stellt fest, ob ihr einen Unterschied zwischen den Rückseiten beider Beine spürt, und auch, ob ihr mit der einen Hand weiter nach unten kommt als mit der anderen."

Sie werden sicherlich das Gleiche wie ich erleben, wenn ich eine Gruppe mit dieser Übung arbeiten ließ: Die meisten spüren zum einen, daß sie *leichter* auf der Seite an den Boden herankommen, wo die Fußsohle die Massage bekommen hat, und zum anderen ist es ihnen möglich, auf dieser Seite *weiter* nach unten zu kommen.

Nachdem Ihre Gruppe dies gespürt hat, machen Sie weiter, indem Sie den anderen Fuß durchmassieren lassen. Anschließend beugen alle wieder den Körper nach vorn und nach unten. Es müßte dabei zu spüren sein, daß jetzt beide Seiten angenehm flexibel und entspannt sind. Denken Sie daran, daß der Körper immer *langsam* wieder aufgerichtet werden sollte. Das heißt: erst ein Beugen der Knie und von dort aus ein ruhiges Abrollen nach oben, bis man in der aufrechten Position steht. Dieses weiche Abrollen nach oben schont den Rücken.

Kommentar zum *Fußrollen*

Wie schon erwähnt, unterstützt Sie diese Übung darin, entspannt zu werden und zu bleiben. Sie brauchen nicht so lange damit zu warten, bis Sie gestreßt sind! Das beste für uns alle wäre, unser vorhandenes Gleichgewicht durch tägliches Üben aufrechtzuerhalten und zu verbessern.

Außerdem verhilft Ihnen diese Übung zu einer guten Massage aller Reflexzonen der Fußsohle, was ihre wohltuende Wirkung noch steigert.

Kapitel 14

Alte Streßmuster auflösen

Bei der in Kapitel 1 beschriebenen Übung erwähnte ich, Sie würden weiter hinten in diesem Buch erfahren, wie Sie das *Stirn-Hinterkopf-Halten* anwenden können, um alte Streßverursacher wirklich unschädlich zu machen und Streßreaktionen zu beseitigen, die seit dem ersten Tag ihres Auftretens im Gedächtnis Ihrer Zellen einkodiert sind.

Jedesmal wenn Sie die Stirnpunkte halten, aktivieren Sie den Teil des Gehirns, mit dem Sie bewußt und assoziierend denken. Nehmen wir an, Sie sind in der Situation, daß Sie gleich zu einem Menschen kommen und mit ihm reden müssen, mit dem Sie zusammenarbeiten sollen. Ihnen ist sehr unwohl vor diesem Gespräch, weil Sie sich daran erinnern, daß Ihre Kommunikation bei Ihrem letzten Gespräch sehr schlecht war. Ja, Sie spüren schon einen Sog im Magen und ein Ziehen um den Nacken, wenn Sie nur an das frühere Gespräch denken. Und Sie fühlen vielleicht genau das Gleiche, wenn Sie daran denken, daß Sie mit diesem Menschen bald wieder sprechen müssen.

Wir sind uns sicher darin einig, daß dies eine ungünstige Voraussetzung dafür ist, mit einem Menschen zusammenzukommen. Beim bloßen Gedanken an das Gespräch reagiert der Körper mit psychosomatischen Reaktionen. Streß ruft diese Reaktionen hervor, und Sie wissen jetzt, daß wir mit Kampf- oder Fluchttendenzen reagieren, wenn wir gestreßt sind. Unsere Fähigkeit, klar zu denken, verschwindet, und statt dessen handeln wir reflexhaft und automatisch.

Die folgende Übung, das *Stirn-Hinterkopf-Halten mit Verhaltensänderung*, wird Ihnen helfen, klar zu denken und die bewußte Wahl zu treffen, die es Ihnen ermöglicht, am bevorstehenden Gespräch teilzunehmen, ohne gestreßt zu sein.

Sie können die Übung alleine machen oder Sie können jemanden bitten, Ihnen zu helfen. Wenn Sie alleine sind, halten Sie selbst Ihre Stirn und Ihren Hinterkopf; sind Sie mit jemand anderem zusammen, so können Sie ihn oder sie bitten, Ihnen zwei Hände zu leihen: eine auf die Stirn und eine auf den Hinterkopf.

Stirn-Hinterkopf-Halten mit Verhaltensänderung

- Sitzen Sie in einer Haltung, in der Sie ein angenehmes Gleichgewicht spüren: Die Fußsohlen ruhen auf dem Boden, und Sie spüren, wie der Stuhl Sie unter dem Gesäß und den Schenkeln und am Rücken stützt. Ihr Rücken ist aufrecht, und Sie atmen ruhig und entspannt.

- Legen Sie nun Ihre Hände auf Ihre Stirn und Ihren Hinterkopf. (Oder bitten Sie Ihren Partner, dies bei Ihnen zu tun.)

- Bleiben Sie so sitzen und denken Sie an die frühere Situation, die heute noch eine Streßreaktion in Ihnen verursacht. Halten Sie Ihre Augen geschlossen oder offen – wie es für Sie am besten ist.

- Sollten Ihre Arme während der Übung müde werden, dann können Sie sie sinken lassen. Sie sollten nur beim Sinkenlassen der Arme Ihre beiden Füße zur jeweiligen Seite bewegen, also in Grätschstellung gehen. Diese Bewegung wird die Wirkung des Stirn-Hinterkopf-Haltens aufrechterhalten, „ankern", während Sie weitermachen; das ist wichtig für Ihre Fähigkeit, weiterhin bewußt und reflektierend zu denken. (Zur Erklärung vgl. Ende Kapitel 9.)

- Denken Sie an die Situation. Wer war anwesend? Wo waren Sie? Zu welcher Uhrzeit? Es ist wichtig, daß Sie sich an so viele Details wie nur möglich erinnern können. *Sehen* Sie alles, was damals zu sehen war, *hören* Sie alles, was zu hören war, sowohl die Worte als auch andere Geräusche im Raum. Gab es einen bestimmten *Geruch*, dann finden Sie heraus, welchen. Waren da irgendwelche *Geschmackseindrücke*, dann nehmen Sie sie auch mit. *Fühlen* und *spüren* Sie, was zu spüren war: die Kleidung, die Sie anhatten, den

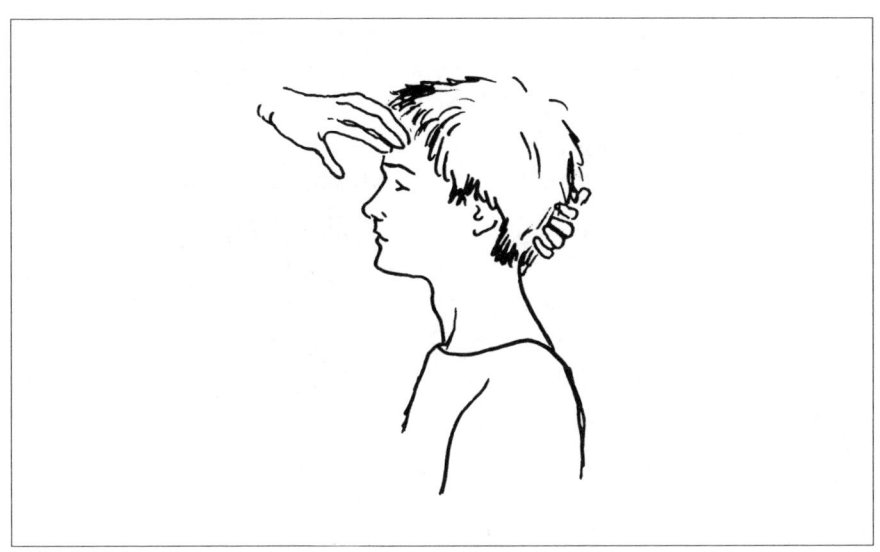

Abbildung 16: *Stirn-Hinterkopf-Halten*, mit Partner(in)

Stuhl, auf dem Sie saßen, eine Berührung, kurz gesagt alles, was zu spüren und zu fühlen war.

- Wenn Sie alles wahrgenommen haben, was wahrzunehmen war, so atmen Sie tief ein und atmen genauso gut wieder aus.

- Stellen Sie sich die Situation noch einmal vor. *Sehen* Sie mehr, *hören* Sie mehr, *riechen* und *schmecken* Sie mehr, *fühlen* und *spüren* Sie mehr, kurz gesagt: Nehmen Sie diesmal noch mehr Einzelheiten wahr als beim ersten Mal. (Ihre Erinnerung ist ja im Fluß, bringt immer wieder andere, neue Facetten der damaligen Situation in den Vordergrund.) Danach atmen Sie tief ein und aus.

Sie sollten nicht über das reden, was Sie erleben und *wie* Sie die Situation erleben, aber sollten Sie das Gefühl haben, daß die Sinneseindrücke zu überwältigend sind, so wäre es gut, wenn Sie die Augen offen ließen, so daß Sie die ganze Zeit über wissen, wo Sie sich befinden und mit wem Sie gerade zusammen sind, während Sie auf Ihrem Stuhl sitzen und die alte Erinnerung zurückrufen.

- Durchdenken Sie jetzt zum dritten Mal die streßverursachende Situation, und nehmen Sie diesmal weitere, zusätzliche Details wahr. Sehen, hören, schmecken, fühlen und spüren Sie alles, was mit den Sinnen überhaupt aufgenommen werden kann. Nehmen Sie mehr auf als zuvor. Achten Sie darauf, daß Ihren Sinnen nichts entgeht.

- Wenn Sie ganz sicher sind, daß Sie alles aufgenommen haben, schließen Sie wieder mit einem tiefen Atemzug ab. Vielleicht kommt das ganz von allein, fast wie ein tiefer Seufzer.

- Danach gehen Sie wieder in die Situation hinein. Finden Sie heraus, welche Gefühle Sie haben und wo sie im Körper auftreten.
  (Es kann sein, daß sie genau an den Stellen auftreten, die ich am Anfang der Beschreibung Ihrer Situation erwähnt habe: in Magen und Nacken; sie können aber auch ganz woanders sein. Es kommt darauf an festzustellen, ob sie an einer oder an mehreren Stellen in Ihrem Körper auftreten.) Erkennen Sie sie, machen Sie sich mit ihnen vertraut. Sie sind Ihre physischen Reaktionen auf den emotionalen Streß, den Sie empfinden.

Jetzt kommen wir zum zweiten Teil Ihrer Aufgabe:

- Sie befinden sich immer noch in der alten Situation, aber jetzt sollten Sie sich dazu entschließen, irgend etwas zu tun, das die Situation *verändert*. Irgend etwas, das sie so verändert, daß sie zu einer *positiven* Situation wird. Es kann sein, daß Sie beschließen, etwas anders zu sagen, sich mit anderen Worten auszudrücken, sich anders zu verhalten, um etwas zu bitten, was Sie gerne möchten, oder etwas ganz anderes. Es ist nicht ausschlaggebend, ob Sie beschließen, ein großes oder kleines Detail zu ändern; es ist viel wichtiger, genau das Detail zu ändern, das für Sie das ganze Bild verändert und das die Situation zu einer solchen werden läßt, mit der und in der Sie sich gut fühlen.

- Nachdem Sie die Situation verändert haben, erzählen Sie Ihrem Helfer, was Sie getan haben. Falls Sie alleine sind, sagen Sie laut zu sich selbst, wofür Sie sich entschieden haben, und sagen Sie auch, was Sie danach in Ihrem Körper fühlen. Erfahrungsgemäß werden Sie spüren, daß das Gefühl von Unbehagen, Schmerzen oder Anspannung, das Sie beim Nachempfinden der alten Situation hatten, nun verschwunden ist. Statt dessen werden Sie höchstwahrscheinlich ein Gefühl der Erleichterung, der Befreiung, ein Gefühl von guter Durchblutung in Ihrem Körper erleben. Wenn das der Fall ist, dann ist das ein Zeichen dafür, daß die Wahl, die Sie in Ihrer Phantasie getroffen haben, eine gute Entscheidung für Sie war: Ihre Streßreaktionen sind verschwunden.

- Schließen Sie die Übung damit, daß Sie das Gefühl von Wohlsein und guter Zirkulation in Ihrem ganzen Körper herumströmen lassen. Denken Sie an jede Gehirnwindung! Sie spüren überall die Ruhe, und zwar so, daß Ihr Körper und Ihr Gehirn wirklich damit vertraut werden.
- Tun Sie zum letzten Mal einen tiefen Atemzug.

(Folgendes sei in Klammern angemerkt: Sollte entgegen aller Erwartung, nachdem Sie Ihre Wahl getroffen haben, die Situation zu verändern, immer noch etwas vom früheren Unbehagen zurückgeblieben sein, so bleiben Sie noch ein wenig in der Situation und beschließen Sie, was Sie *noch* tun wollen, damit das Ergebnis positiv für Sie ausfällt. Es ist wichtig, daß Sie aus der Situation als Gewinner herauskommen, und im Idealfall sollten die anderen Beteiligten auch als Gewinner herauskommen. Denken Sie daran, laut auszusprechen, was Sie anders gemacht haben. Es ist wichtig, die Vorgänge zu benennen, so daß sich Ihre Entscheidung im Bewußtsein festigt.

Wenn das erfolgt ist, gehe ich davon aus, daß Ihr Körper völlig frei von Unbehagen ist, und ich gehe auch davon aus, daß Sie spüren – wie vorhin beschrieben –, daß die Energie frei durch Ihren Körper fließt, als Ergebnis Ihrer konstruktiven Entscheidung. Sollte ich mich irren, so können Sie den allerletzten Rest Ihrer Streßreaktion, die ja eine Form von „Überenergie" oder Energiestau ist, so beseitigen, daß Sie sie ganz einfach in einem warmen Strom entlang der Wirbelsäule nach unten aus dem Körper fließen lassen, ganz hinunter bis zum Steißbein und von dort aus weiter in die Erde hinein. Wenn alles Unbehagen, alle Anspannung weg sind, schließen Sie mit einem tiefen Atemzug, um danach dazu überzugehen, das neue, gute Gefühl von Energie in Ihrem Körper herumfließen zu lassen, um ihn ganz zu füllen.)

Zu allerletzt ein wichtiger Schritt, an den man denken sollte: Nehmen Sie ein Blatt Papier und schreiben Sie auf, was Sie gemacht haben, damit sich die Situation für Sie von negativ zu positiv verändern konnte. Schreiben Sie, welche Wahl Sie getroffen haben. Das ist ein wichtiger Faktor, denn das, was Sie da aufschreiben, ist genau das, was Sie tun sollten, sobald Sie den bestimmten Menschen treffen und das Gespräch führen, vor dem Sie sich vorher so gefürchtet haben und das Sie jetzt voll im Griff haben!

Schreiben Sie es so auf, daß Sie sich gut daran erinnern können, und gehen Sie dann zuversichtlich zu dem Treffen. Eine gedankliche Konzentration auf die Stirnpunkte, das heißt eine energiemäßige Konzentration in genau dem Teil des Gehirns, der bewußt, konstruktiv und assoziierend denkt, wird Ihnen zusätzlich helfen, zu Ihrer guten Wahl zu stehen, um später noch mehr bewußte Entscheidungen treffen zu können, die für Sie das Beste und damit das Beste für alle Beteiligten sind.

Kommentar

Die Erklärung dafür, daß es auf diese Weise gelingen kann, alte Streßverursacher unschädlich zu machen, liegt darin, daß unser Gehirn so aufgebaut ist, daß es auch das, was in unserer *Vorstellung* vorgeht, als Wirklichkeit auffaßt. Das heißt, daß auch eine *solche* Änderung der Situation, die Sie in Ihrer *Phantasie* vor sich sehen, Spuren in Ihrem Geist und im Gedächtnis Ihrer Zellen hinterläßt. Daraus folgt, daß eine in der Vorstellung vorweggenommene Verhaltensänderung Ihnen den Weg dafür bahnt, in einer zukünftigen realen Situation anders als bisher üblich zu reagieren. Alte Reaktionsmuster, die unzweckmäßig geworden sind, können so durch neue, zweckmäßigere ersetzt werden.

Kapitel 15

Über Körperhaltung, Atmung, Bewegung, Ernährung und Denken

Körperhaltung

In jedem Kapitel habe ich die Anleitung zu den Übungen mit der Aufforderung eingeleitet, sich auf einen Stuhl zu setzen und den Körper locker im Gleichgewicht zu halten, mit den Fußsohlen auf den Boden gestützt und mit aufrechtem Rücken.

Es ist von großer Bedeutung für die gesamte Zirkulation von Blut, Lymphe und Energie wie auch für die Atmung, daß Sie Ihren Körper stets im Gleichgewicht halten, sowohl im Stehen als auch während einer Bewegung.

Gleichgewicht im Stehen

Stellen Sie sich vor einen Spiegel und sehen Sie sich Ihre Körperhaltung an. So sollten Sie stehen:

- etwa eine Fußbreite Platz zwischen Ihren Füßen
- das Gewicht verteilt auf beide Füße
- die Zehen gerade nach vorn weisend
- die Fersen auf gleicher Linie
- die Knie auf gleicher Linie
- Hüften und Schultern ebenso
- den Kopf erhoben und die Ohren auf gerader Linie.

Stellen Sie sich so vor den Spiegel, daß Sie sich von der Seite sehen. Sie sollten so stehen, daß auf einer gedachten senkrechten Linie, die vom höchsten Punkt Ihres Scheitels nach unten verläuft, folgende Körperteile liegen:

- die Ohröffnung
- das Schultergelenk
- der Ellenbogen
- das Hüftgelenk
- das Kniegelenk.

Unmittelbar hinter der Linie:

- der äußere Fußknöchel.

Gleichzeitig sollte Ihr Brustkorb nach vorn und nach oben gestreckt sein, so daß er genug Platz zum Atmen bietet, und Sie sollten spüren, daß Ihr Gewicht gleichmäßig verteilt ist zwischen dem vorderen Teil des Fußes und der Ferse.

Wenn Sie diese Position gefunden und gleichzeitig daran gedacht haben, entspannt zu stehen, dann beginnen Sie, Ihren Körper vom Fußgelenk aus ganz ruhig vor- und zurückschwingen zu lassen. Es ist wichtig, daß dies ganz unten in den Fußgelenken passiert und daß Sie den übrigen Körper einfach diesen kleinen Bewegungen folgen lassen. Enden Sie wieder damit, daß Sie Ihr Gewicht gleichmäßig zwischen Zehen und Fersen verteilen.

Nachdem Sie diese kleine Bewegung gespürt haben, gehen Sie dazu über, das Gewicht von einer Seite zur anderen zu verlagern. Auch hierbei soll die Bewegung ganz unten im Sprunggelenk stattfinden, und auch hier soll der Rest Ihres Körpers einfach folgen. Das wird sich so anfühlen, als ob Sie leicht schwankten. Dieses Gefühl wird noch stärker werden, wenn Sie danach dazu übergehen, sich in ganz kleinen Kreisen zu bewegen: hinaus auf die Außenseite des einen Fußes, dann etwas nach vorn quer über die Fußballen, hinüber zur Außenseite des anderen Fußes, nach hinten zu den Fersen, und so weiter. Denken Sie daran, die Bewegungen ganz klein zu halten. Kreisen Sie auch in entgegengesetzter Richtung, und hören Sie auf mit gleichmäßiger Gewichtsverteilung zwischen rechtem und linkem Fuß und zwischen Fußballen und Fersen.

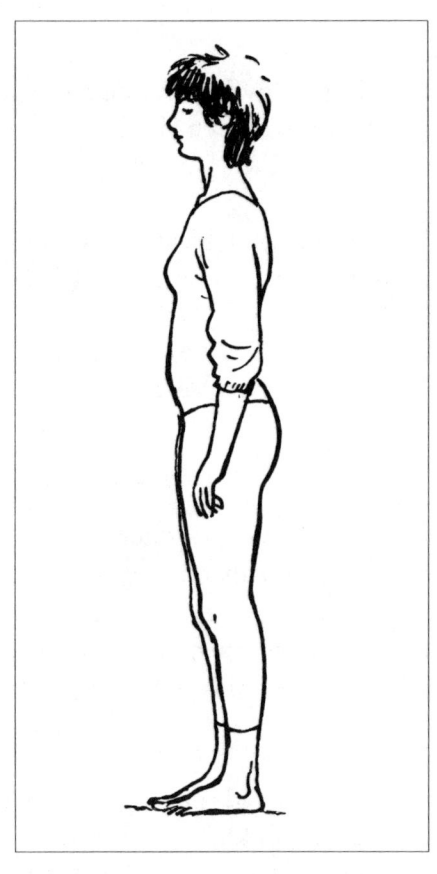

Abbildung 17:
Ausgeglichene Körperhaltung

Sobald Sie die Position wiedergefunden haben, bei der Sie im Spiegel sehen können, daß Sie aufrecht und locker im Gleichgewicht stehen, sollten Sie einen Augenblick Ihre Augen schließen und das Gleichgewicht fühlen. Es ist wichtig, daß Sie im Stehen und mit *geschlossenen* Augen Ihr optimales Gleichgewicht erreichen. Schaffen Sie das, so können Sie es überall schaffen, auch dort, wo es keinen Spiegel gibt.

Eine ausgeglichene Körperhaltung verursacht den geringstmöglichen Verschleiß an Gelenken, Gelenkbändern und Muskeln, und wie bereits erwähnt, schafft sie gleichzeitig die beste Basis für gute Atmung, gute Zirkulation und gute Bewegungen.

Gleichgewicht im Sitzen

Im Sitzen gelten die gleichen Grundregeln wie im Stehen. Sorgen Sie zunächst für eine gute Unterstützungsfläche. So sollten Sie sitzen:

- beide Fußsohlen auf dem Boden ruhen lassen,
- den einen Fuß etwas weiter vorn aufsetzen.
- das Gesäß auf der Sitzfläche weit nach hinten schieben, um eine gute Unterstützung unter dem Gesäß wie auch unter zwei Drittel Ihrer Oberschenkel zu haben,
- das Gewicht gleichmäßig auf beide Seiten des Gesäßes verteilen,
- das Gewicht auf die Sitzknochen (Sitzbeinhöcker) legen,
- den Rücken aufrecht halten,
- die Schultern locker gesenkt lassen,
- den Kopf aufgerichtet halten,
- die Arme entweder auf einer Tischplatte ruhen lassen oder
- entspannt mit den Händen auf den Schenkeln ruhen lassen.

Es ist eine gute Übung, auch im Sitzen ein wenig mit der Balance zu spielen. Diesmal ist es das Becken, mit dem Sie wippen sollen: zuerst zu der einen Gesäßhälfte, dann zu der anderen. Nachdem Sie das einige Male gemacht haben, sollten Sie so aufhören, daß Ihr Gewicht gleichmäßig auf die beide Gesäßhälften verteilt ist.

Wippen Sie danach mit dem Becken vorwärts und rückwärts, während Sie den Oberkörper ruhig halten. Zuerst ein kleiner Schwenk in der Lende, so daß Sie auf den Gesäßbacken nach vorn „rollen", danach ein Zurückrollen, so daß Sie mit runder, buckliger Lende sitzen. Wippen Sie auf diese Weise weiter, bis Sie ein sicheres Gefühl für das Gleichgewicht des Beckens bekommen. Enden Sie damit, daß Sie auf den Sitzbeinhöckern sitzen und somit den Rücken gerade halten.

Von dieser Ausgangshaltung aus können Sie sich entweder an einer eventuell vorhandenen Rückenlehne abstützen oder sich aus dem Hüftgelenk heraus ein bißchen vorbeugen, wenn Sie schreiben müssen. In diesem Zusammenhang möchte ich erwähnen, daß eine leicht nach vorn geneigte Sitzfläche und eine leicht schräg gestellte Tischplatte bei den meisten Menschen Wunder bewirken: Auf diese Weise wird die Lendenwirbelsäule, die von allergrößter Bedeutung für die Gesundheit des Rückens in der sitzenden Position ist, entlastet.

Übrigens: Das Sitzen ist – selbst mit den allerbesten Möbeln – generell belastender für die Lendenwirbelsäule als das Stehen. Aus diesem Grund ist es wichtig, daß Sie oft aufstehen und sich bewegen, falls Sie an Ihrem Arbeitsplatz dazu die Möglichkeit haben. (Und daß Sie gegebenenfalls Ihre Schüler das Gleiche tun lassen.) Dies ist von besonderer Bedeutung, falls Sie (oder Ihre Schüler) einen Körperbau haben, bei dem der Oberkörper im Verhältnis zur Beinlänge besonders lang ist. Für einen solchen Menschentypus ist am günstigsten eine stehende Position, aber noch besser: Bewegung.

Dies gilt oft auch für die hyperaktiven Kindern, die während des Unterrichts nicht still sitzen können, sondern sich auf ihrem Stuhl drehen und wenden oder dauernd zu Ihnen nach vorne kommen: Sehen Sie sich ihre Körperproportionen an. Vielleicht können diese Ihnen etwas über die Ursachen erzählen.

Ist aber der umgekehrte Fall gegeben (kurzer Oberkörper im Verhältnis zur Beinlänge), so liegt der Schwerpunkt hoch, und dem Betreffenden wird es im Sitzen weit besser gehen als im Stehen. Soll ein solcher Mensch eine Arbeit im Stehen erledigen, so wird er schnell Müdigkeit und Mangel an Konzentration empfinden. Entdecken Sie dies, so werden Sie ein dankbares Lächeln ernten, wenn Sie dem Betreffenden einen Stuhl anbieten oder besorgen.

Atmung

Wenn die Körperhaltung in Ordnung ist, wird die Atmung beinahe von selbst so sein, wie sie sein soll. Das gilt sowohl im Stehen als auch im Sitzen.

Es gehört zu einer guten Atmung, daß Sie Ihr Zwerchfell benutzen, wenn Sie Luft holen. Ist die Sitzfläche in Ordnung und halten Sie Ihren Körper in entspanntem Gleichgewicht, so ist die beste Voraussetzung dafür gegeben, daß das Zwerchfell frei und ungehindert arbeiten kann. Dieser Muskel ist so angesiedelt, daß er sozusagen den Boden des Brustkorbs bildet und gleichzeitig die Decke der Bauchhöhle.

Jedesmal, wenn der Muskel sich zusammenzieht, wird der Brustkorb größer, und die Luft wird in die Lungen eingesogen. Legen Sie eine Hand auf den Magen und spüren Sie, wie sich die Bauchdecke während der Ein- und Ausatmungen hebt und senkt. Sie können das auch im Stehen oder Sitzen fühlen, aber wenn Sie zum erstenmal herausfinden wollen, wo die Atmung in Ihrem Körper eigentlich stattfindet, dann wird es für Sie am leichtesten sein, wenn Sie es im Liegen machen. Im Liegen ist die Wahrscheinlichkeit nämlich am größten, daß Sie entspannte Bauchmuskeln haben, und das ist wirklich wichtig, um zu spüren, daß die Atmung so tief „unten" stattfindet, daß sich Ihre Bauchdecke währenddessen hebt und senkt.

Es wäre gut, wenn Sie jeden Abend beim Zubettgehen ein paar Minuten darauf verwendeten zu registrieren, wie Sie atmen. Legen Sie Ihre Hände auf Ihr Zwerchfell und auf den Magen, und atmen Sie still und ruhig. Sie sollten spüren, wie sich die Bauchdecke bei jedem Atemzug hebt und senkt.

Da die Atmung Sauerstoff und damit Leben in den Körper bringt, ist es wichtig, daß sie gut funktioniert. Sie können jeden Abend üben (denken Sie daran: ohne Anstrengung!), und Sie können dazu ruhige, sanfte Musik auflegen. In Ihrem Körper funktioniert alles besser, wenn Ihre Atmung mit Hilfe des Zwerchfellmuskels erfolgt. Alle Ihre inneren Organe werden massiert, und der gesamte Körper, auch das Gehirn, wird mit frischem Sauerstoff versorgt. Außerdem wird beim Ausatmen Kohlendioxyd ausgeschieden.

Bewegung

Im letzten Abschnitt habe ich über eine Bewegung gesprochen, die immer da ist, nämlich die Atmung, und über die Massage, die unsere inneren Organe durch eine gute Atmung bekommen. Sie haben auch viel über Übungen gelesen, die den Energiestrom, der durch Ihren Körper fließt, stimulieren können, und beim Anwenden dieser Übungen haben Sie sicherlich gespürt, wie ein Wärmestrom durch Ihren

Körper ging. Ihr Blutkreislauf ist dabei auch stimuliert worden, aber noch lange nicht genug. Es gehört mehr dazu.

Im Herbst 1989 gab es in Dänemark eine große Konferenz über Gesundheit und Bewegung, und dabei wurde das Motto „Vier Stunden Bewegung in der Woche" ins Leben gerufen. Mehr wäre natürlich gut, aber vier Stunden kann jeder von uns schaffen. Ein rascher Spaziergang, Fahrradfahren, Laufen und Schwimmen sind Beispiele für die Art von Bewegung, die alle Muskeln unseres Körpers stimuliert. Ein gut funktionierender Kreislauf ist eine der Bedingungen für einen guten Gesundheitszustand, und außerdem verbrennen wir eventuell überschüssiges Fett nur dadurch, daß wir uns bewegen!

Diese Bewegungsformen sollten aus Spaß und nicht aus Zwang praktiziert werden. Überlegen Sie sich, welche Möglichkeiten (ohne großen Aufwand) sich Ihnen bieten (Sie dürfen dabei ruhig ein wenig kreativ sein!), suchen Sie sich dann unter diesen Möglichkeiten diejenigen aus, die Sie am meisten ansprechen, und fangen Sie an! Spüren Sie, wie das Blut durch Ihren Körper fließt, spüren Sie das Wohlbefinden, spüren Sie die Energie und spüren Sie auch, wie Ihre Laune besser wird.

Ernährung

Meine erste Empfehlung lautet: Trinken Sie mehrmals am Tag ein Glas Wasser! Trinken Sie zum Beispiel jedesmal, wenn Sie Ihre Hände waschen, wenn Sie baden oder duschen, kurz gesagt: jedesmal, wenn Ihr Körper von außen mit Wasser in Berührung kommt. Unsere Erfahrung aus vielen Testsituationen zeigt, daß viele Menschen nicht so viel Wasser im Körper haben, wie für die schnelle und ungehinderte Übermittlung von Signalen durch die Zellen erforderlich ist. Wasser fördert außerdem die Verdauung.

Es gab mehrere Versuche, bei denen man älteren Menschen im Laufe des Tages genug Wasser zu trinken gegeben hat. Nach einiger Zeit zeigte sich größere mentale Klarheit, und die Versuchspersonen konnten mehr Dinge tun, als sie sonst konnten, wenn sie gar nicht oder sehr wenig tranken.

Sorgen Sie daher dafür, daß Sie im Laufe des Tages genug Wasser trinken. Es gibt eine Faustregel, die besagt, daß man täglich 20 ml Wasser pro Kilogramm Körpergewicht trinken sollte. Saft und Limonade, die Kinder gerne trinken, sollten zu einem großen Teil durch Wasser ersetzt werden. Bei Konzentrationsproblemen aufgrund von Wassermangel fördert Wassertrinken rasch die Konzentration. Die Körperzellen, vor allem das Gehirn und das gesamte Nervensystem, brauchen ausreichend Wasser, um ihren Dienst zu tun. (Literaturempfehlung: Batmanghelidj)

Außerdem wäre es von Vorteil, wenn die Kinder weniger Zucker konsumieren. Um richtig funktionieren zu können, muß nämlich unser Blutzuckerspiegel in Ordnung sein, und das ist er nur, wenn wir ausgewogen essen. Viele Schulkinder (und Lehrer) kommen mit einem Blutzuckerspiegel zur Schule, der starken Schwankungen unterliegt; dafür gibt es verschiedene mögliche Ursachen:

- daß das Frühstück sehr viel Zucker enthält;
- daß sie gar nicht oder zu wenig im Verhältnis zu ihrem Energiebedarf frühstücken oder
- daß sie aus irgendwelchen Gründen nicht vertragen, was sie zu essen bekommen. (Ich denke dabei an Unverträglichkeits- oder Allergieprobleme.)

Kinder – und Erwachsene! – können aufgrund eingeschränkter Gehirnintegration hyperaktiv und unruhig sein. (Die Erfahrung zeigt, daß Hyperaktivität oft verschwindet, nachdem man das Gehirn besser integriert hat.) Mögliche Faktoren für die Beeinträchtigung der Gehirnintegration sind Nahrungsmittel bzw. ihre Zusatzstoffe, wie zum Beispiel Farbstoffe, Konservierungsstoffe oder Spuren von Schwermetallen. In diesem Sinne kann man sagen, daß motorische Unruhe, Hyperaktivität oder Aggressivität und niedrige Frustrationsschwelle auch in der Ernährung begründet sein können. Daher kann eine Veränderung der Ernährung schon deutliche Verhaltensänderungen und Lernfortschritte bringen (– wenn es an der Ernährung lag). An dieser Stelle möchte ich davon absehen, dies detaillierter darzustellen, und

146

statt dessen auf die umfassende Literatur hinweisen, die es zu dieser Thematik gibt. Da wir bei vielen Schulkindern Allergien und Lebensmittelunverträglichkeiten als mitwirkende Ursachen für Leseschwierigkeiten und soziale Probleme festgestellt haben, könnte es für Sie von Interesse sein, sich diese Zusammenhänge genauer vor Augen zu führen.

(Literaturempfehlung: Scott)

*

Ein Fallbeispiel aus meiner eigenen Praxis mag illustrieren, was ich meine:

Lars (den Namen habe ich natürlich geändert) war elf Jahre alt und Schüler einer 5. Klasse. Lars' Mutter rief mich im Herbst an, um zu fragen, ob ich ihrem Sohn helfen könne, der große Konzentrationsschwierigkeiten und eine Menge Verhaltensprobleme in der Schule hatte. Hinzu kamen noch einige Lernschwierigkeiten. Wir vereinbarten einen Termin für Lars, und einige Tage, bevor er kommen sollte, rief noch sein Schuldirektor an, um mir zu sagen, daß es sich um eine dringende Angelegenheit handele, da sich die Probleme zugespitzt hätten.

Lars und seine Mutter kommen zur abgesprochenen Zeit, und ich treffe einen freundlichen Jungen, der durchaus „vernünftig" wirkt. Rein sprachlich drückt er sich sehr gut aus, und er weiß genau, daß der Grund, weswegen er zu mir kommt, der ist, „daß ich so hitzig werde" und: „Mir fällt es schwer, mich zu konzentrieren" und: „Es geht auch nicht sehr gut mit dem Lesen und Buchstabieren, aber das ist nicht so schlimm." Lars' Mutter fügt hinzu, daß die Lehrer allmählich von dem „Problemkind" Lars genug hätten, und „einige Freunde haben mir erzählt, daß es eine Chance gibt, daß die Pädagogische Kinesiologie meinem Jungen helfen kann". Sie sagt auch, daß der Lars, den sie von zuhause her kenne, ein anderer sei als der, von dem die Schule berichte: Zuhause sei er unruhig und launisch, aber nicht aggressiv.

Beim Testen finde ich einen Jungen vor, der große Schwierigkeiten mit dem Überkreuzen der Mittellinie des Körpers hat. Er ist unter anderem Paßgänger. Es würde hier zu weit führen, auf die vielen

Dysbalancen von Lars einzugehen; ich will nur erwähnen, daß mein Test großen Streß bei Lars anzeigt und daß Unstimmigkeiten im Bereich der Ernährung bestehen. Es zeigt sich auch, daß Lars von der Tatsache geprägt ist, daß seine Großeltern in kurzem Abstand gestorben sind – Ereignisse, die einen tiefen Eindruck bei ihm hinterlassen haben.

Ich teste Lars und führe die in diesem Fall notwendige Balancierungstechnik aus. Der Streß verschwindet, die Energie wird stärker, und wir besprechen die Übungen, die Lars in der Zeit, bis wir uns wiedersehen, zu Hause machen soll. In den zwei Stunden, in denen wir zusammen arbeiten, ist Lars konzentriert bei der Sache und wirkt interessiert, alles läuft prima. Da Lars' Verhalten in der Schule den Gedanken aufkommen läßt, daß es sich hier auch um allergische Reaktionen handeln kann, sprechen wir ab, daß er nächste Woche wiederkommt, damit wir testen können, welche Lebensmittel er vielleicht nicht verträgt oder gegen welche er allergisch ist.

Drei Tage später rief mich Lars' Mutter weinend an: „Jetzt ist alles vorbei. Ich war gerade bei einer Besprechung mit dem Schuldirektor und dem Schulpsychologen, und sie sagen, daß sie ihn dort nicht mehr haben wollen. Er soll auf eine Sonderschule."

Es stellte sich heraus, daß Lars einen Tag, bevor er zu mir gekommen war, Ärger mit einem anderen Schüler gehabt hatte, der ihn wegen seines Übergewichts verspottet hatte. Lars wurde wütend, zügelte aber seine Wut, da er wußte, daß er sich nicht prügeln sollte, und versprach demjenigen einen Zehner, der es dem anderen Schüler heimzahlen würde. (Anscheinend gab es niemanden, der das tat!) Der Vater des anderen Schülers kam später in die Schule und wollte mit Lars sprechen. Lars hatte keine Lust dazu, und der Vater faßte ihn an, um zu verhindern, daß Lars ihm den Rücken zudrehte und ging. Lars wurde wütend, spuckte und schlug um sich und mußte schließlich von zwei Lehrern in die Schule geschleppt werden. Dort kam er langsam zur Ruhe – dieser Auftritt ging der Schule allerdings zu weit: Nun sollte Lars die Schule verlassen!

Ich hörte mir Lars' verzweifelte Mutter an und meinte, ihr helfen zu können, weil ich an diesem Tag eine sehr gute Heilpraktikerin bei mir gehabt hatte. Sie hatte mir schon vorher geholfen, und sie versprach mir, Lars noch am selben Nachmittag zu testen.

Das Resultat ihres Tests war deutlich: Lars hatte eine starke Allergie gegen alle Milchprodukte und einige Farbstoffe, und außerdem war sein Blutzuckerspiegel nicht in Ordnung. Diese drei Dinge und die Dysbalancen, die ich vor einigen Tagen festgestellt hatte, erwiesen sich (zunächst nur für uns beide, später für alle Beteiligten einsehbar) als die Ursachen für Lars' gesamte Schulprobleme.

Nach dieser Entdeckung telefonierte ich mit dem Schulpsychologen, der sich mit Allergien auskannte und verständnisvoll einräumte, daß seine Entscheidung auch revidiert werden könne, wenn neue Informationen hinzukämen. Er selbst hätte Lars' Verhaltensprobleme nicht mit einer Allergie in Verbindung gebracht, sah aber ein, daß es für Lars am besten wäre, wenn er seine Allergie zu Hause in seiner gewohnten Umgebung statt auf einer Sonderschule behandeln könnte. Er versprach, sich am nächsten Tag mit dem Schuldirektor in Verbindung zu setzen, um ihm meine Informationen weiterzugeben. Es sei hier angemerkt, daß Lars gerne an seiner Schule bleiben wollte, obwohl er aufgrund seines Übergewichts oft gehänselt wurde.

Der Schuldirektor sah ein, daß Lars zu Hause bleiben sollte, solange er alle Milchprodukte, Zucker, Süßigkeiten, gesüßte Getränke und Farbstoffe aus seiner täglichen Kost ausschließen mußte. Er würde die Unterstützung seiner Mutter in Verbindung mit der Ernährungsumstellung brauchen, und der Streß, den er erlebte, wenn er weggeschickt würde, würde höchstwahrscheinlich die Ursache für noch größere Probleme werden. Lars bekam daher sechs Wochen Unterricht außerhalb der Schule angeboten, bis zum Beginn der Weihnachtsferien, und sowohl die Heilpraktikerin als auch ich versprachen, in dieser Zeit mit Lars und seiner Mutter in Kontakt zu bleiben und unser Testen und Balancieren fortzusetzen.

In dieser Zeit erlebten wir alle einen Jungen, der voll und ganz die Verantwortung für seine Ernährung übernahm! Er schaute sich die Liste der Inhaltsstoffe an, um sicherzugehen, daß in den verschiedenen Produkten, die er zu sich nahm, weder Milch noch Zucker war; er folgte dem Ernährungsplan und machte jeden Tag seine Übungen.

Er folgte seinem Unterricht, hatte keinen Zusammenstoß mit anderen Schülern, wurde ruhiger, fröhlicher, las mehrere Bücher und nahm im Laufe von sechs Wochen sieben Kilo ab! Die weiteren Tests in der Zeit bis Weihnachten zeigten, daß Lars im Eiltempo vorwärts kam. Die Allergie verschwand, der Blutzuckerspiegel war fast normal, der Streß verschwand, seine Bewegungsmuster blieben in Ordnung und seine Fähigkeit, sein tägliches Dasein im Griff zu haben, entwickelte sich immer weiter.

Die Fortsetzung der Geschichte war, daß die Schule unmittelbar vor Weihnachten darin einwilligte, daß Lars zurückkommen dürfe – nach Lars eigenem Einfall mit einem Monat Probezeit. Der Monat ist jetzt vorbei, Lars fühlt sich wohl in der Schule und in seiner Klasse, und bei der Besprechung Mitte Januar gab es nur lobende Worte für ihn: „Lars macht gute Fortschritte." – „Es ist schön zu sehen, daß Lars zur Ruhe gekommen ist" und ähnliches. Der Erfolg hält an, die positiven Aussagen ebenso, und die Probezeit ist längst vorbei. Ein „Verlierer" ist zum „Gewinner" geworden, oder besser gesagt: Der ursprüngliche „Gewinner" ist wieder aufgetaucht!

Lars ist nur einer von vielen, in deren Entwicklung die Ernährung eine wichtige Rolle gespielt hat, und vielleicht gibt Ihnen seine Geschichte den Impuls, auf diese Zusammenhänge zu achten.

Gedanken

Mit den Gedanken ist es wie mit der Körperhaltung, der Atmung, der Bewegung und der Ernährung: Es sind Dinge, die von innen heraus etwas in Ihnen beeinflussen. Hier können nur Sie etwas ändern. Andere können Sie darin unterstützen, aber sie können es nicht statt Ihrer tun.

Wenn Sie positive Gedanken haben über sich selbst, über das, was Sie sind, was Sie fühlen und tun, so tragen Sie dazu bei, Ihre Energie frei fließen zu lassen; Sie tragen dazu bei, Ihre Gesundheit aufrechtzuerhalten und zu fördern. Das wiederum führt dazu, daß Sie ausge-

glichene Beziehungen zu anderen Menschen viel besser eingehen können. (Beziehungen, in denen jeder gleich viel Gewicht hat ...)

Können Sie Ihren Körper, Ihre Seele und Ihren Geist als eine Einheit und eine Ganzheit erleben, können Sie auf Ihre eigenen Bedürfnisse eingehen, denken Sie an sich selbst als jemand, der anderen
gleichwertig ist, haben Sie Selbstvertrauen, drücken Sie Begeisterung,
Freude und Interesse aus, zeigen Sie den Willen, etwas zu tun, was
Ihnen guttut (und somit auch anderen guttut), denken Sie anerken-
nend und akzeptierend über sich selbst, so haben Sie die beste Basis,
um ethisch gesehen die richtigen Entscheidungen treffen zu können,
mit denen Sie die Ziele erreichen, die Sie sich im Leben setzen.

*

In Dänemark kennen die meisten Menschen die Gesetze von Aksel
Sandemose, das „Jantelov", und wir kennen wohl auch verschiedene
Umformulierungen dieser „Gesetze", Umformulierungen, die sie ins
Positive umkehren. Ich möchte hier eine davon zitieren. Wenn Sie
künftig so über sich selbst denken, dann ist dies ein Ausdruck positiven Denkens, ein Denken, das die Aufrechterhaltung und die Förderung der psychischen und physischen Gesundheit ermöglicht:

- Sie sollen glauben, daß Sie wichtig sind.
- Sie sollen glauben, daß Sie genauso gut sind wie die anderen und
  daß alle anderen genauso gut sind wie Sie.
- Sie sollen glauben, daß Sie genauso klug sind wie die anderen, mit-
  unter sogar klüger.
- Sie sollen wissen, daß Sie genauso fähig sind wie die anderen. Wenn
  Sie wissen, daß Sie Ihr Bestes tun, können Sie auch diejenigen wert-
  schätzen, die besser sind.
- Sie sind nicht besser als andere, aber Sie sind genauso einzigartig
  wie alle anderen.
- Sie können viel.
- Lachen Sie sich selbst und Ihre Welt an, das macht Sie frei.
- Sie sollen daran glauben, daß viele Sie mögen.

- Sie sollen daran glauben, daß Sie anderen eine Menge beibringen können und daß Sie von anderen lernen können.
- Warum? Weil Sie jemand sind, der gebraucht wird.

(Verfasserin dieser umgekehrten Gesetze ist die Schwedin Gudrun Hjelte.)

Positive Gedanken schaffen positive Energie, machen Sie gesünder und attraktiver und geben Ihnen mehr Ausgeglichenheit und Kraft. Sie breiten sich außerdem wie Ringe im Wasser aus und wirken auch positiv auf andere Menschen ein.

*

Ich hatte ursprünglich vor, mit diesem Kapitel mein Buch abzuschließen. Das wird jedoch nicht der Fall sein, denn es gibt noch etwas, das ich Ihnen darstellen möchte. Etwas, das nicht nur für mich in meiner Arbeit und in meinem Leben große Bedeutung hat, sondern auch für viele andere. Es ist das sogenannte „Verhaltensbarometer", ein in Aufbau und Zweck einzigartiges Instrument.

Ich stelle das Verhaltensbarometer im nächsten Kapitel vor, mit Erlaubnis seiner Urheber (Gordon Stokes, Daniel Whiteside und Candace Callaway von THREE IN ONE), und das tue ich auf Anraten einer guten Freundin. In ihrem Garten entstanden im Sommer 1989 die ersten Seiten dieses Buches, und sie spürte, daß ihr damals achtjähriger Sohn große Freude daran hatte, daß ich das Barometer bei ihm in Verbindung mit meinem Testen und Ausbalancieren einsetzte. Sie bekam gleichzeitig Einblick und Einsicht in das Wesen und das Dasein ihres kleinen Sohnes, und dies half ihr, aufmerksamer für ihn und seine Bedürfnisse zu werden. Das war der Grund dafür, daß sie zu mir sagte: „Schreib doch auch etwas über das Barometer!"

Kapitel 16

Das Verhaltensbarometer

„Es gibt viele Barometer auf der Welt. Unser Barometer wird von uns selbst geformt, und es ist Ausdruck dessen, was unsere Wahrheit ist. Das ist nicht damit gleichzusetzen, daß das die ganze Wahrheit sei." (Gordon Stokes)

Ich möchte Ihnen zuerst etwas von der Entstehungsgeschichte des Barometers berichten. Danach werde ich Ihnen zeigen, wie Sie es auf sich anwenden können, und zum Schluß werde ich Ihnen einige Stichworte dafür geben, wie Sie es zusammen mit anderen Menschen anwenden können.

*

Auf der Seite 155 sehen Sie das Barometer abgebildet. Es handelt sich um eine Zusammenstellung von Wortpaaren, die bestimmten Oberbegriffen zugeordnet sind. Diese Wortpaare kennzeichnen einerseits unsere unerwünschten Gefühle [rechte Seite] und andererseits erwünschte Gemützustände [linke Seite].

Die dänische (bzw. die deutsche) Fassung des Verhaltensbarometers ist nicht eine einfache Übersetzung der amerikanischen Fassung. Vielmehr wurden die passenden dänischen (bzw. deutschen) Begriffe mit der gleichen Methode ermittelt und überprüft, die bei der Entwicklung des amerikanischen Barometers eingesetzt wurde: mit dem Muskeltest. Die Begriffe der amerikanischen Ausgabe waren Teil einer größeren Anzahl von möglichen Testwörtern, die von den Urhebern ursprünglich niedergeschrieben wurden. Mit Hilfe des Muskeltestens wurden Prioritäten gesetzt, und aus der großen Menge von Wörtern wurden genau 2 mal 8 mal 8 stimmige Begriffe ermittelt. Mit Hilfe des Muskeltestens ist auch die Reihenfolge ermittelt worden, in der sie angeordnet sind. Nun können Sie in etwa den Arbeitsaufwand ermessen, der hinter der Entwicklung dieses Barometers steckt.

Dieses Instrument soll dazu dienen, über das Sondieren von Verhaltensweisen die dahinterliegenden Gefühle, die sie ausdrücken, zu erfassen und tiefer zu verstehen. Gefühle unmittelbar in Worte zu fassen fällt oft schwer. Leichter ist es zu beschreiben: Ich verhalte mich soundso ..., also *wie* jemand, der soundso ... gestimmt ist. Verhalten kann man oft leichter benennen als ein Gefühl, ja, über die Entscheidung für neue Verhaltensweisen kann man sogar seinen Gefühlszustand verändern: Wenn ich mich *verhalte* wie jemand, der *kühn* ist, dann werde ich mich bald auch kühn *fühlen* ...

Warum Verhaltens*barometer*? Ein Barometer macht sozusagen Unsichtbares sichtbar, macht schwer zu Greifendes faßbar, macht Unterbewußtes bewußt. Das Verhaltensbarometer ist ein Sondierungsinstrument dafür, wo Sie bei einem bestimmten Thema gerade stehen, in welchem Zustand sie schwingen: je nachdem, auf welches der Barometerwörter Sie am meisten „ansprechen" ...

Der Aufbau des Barometers

Rechte und linke Seite

Wie Sie sehen, hat das Barometer zwei Spalten mit 8 mal 4 Wortpaaren. (Die Wortpaare haben in ihrer Mitte einen dicken Punkt.) Alle Wortpaare in der rechten Spalte bezeichnen unsere unerwünschten Gefühle („negative" Emotionen), und alle Wörter in der linken Spalte beschreiben erwünschte Gemütszustände, etwas, wovon wir uns wünschen, mehr zu haben oder mehr zu sein, als wir zum jeweiligen Zeitpunkt haben oder sind.

Jedes Wort der rechten Spalte hat einen „Partner", eine Entsprechung in der linken Spalte (auf gleicher Ebene, an der entsprechenden Stelle), und beide gehören zusammen wie Tag und Nacht oder wie die beiden Seiten einer Münze. Wie ein Pendel nach beiden Seiten ausschwingt, so schwanken wir Menschen zwischen diesen beiden einander entsprechenden Zuständen. Beim Pendel gilt, daß ihm nur ein einziger Weg bleibt, wenn es ganz weit rechts angekommen ist, nämlich

Abbildung 18:
Das Verhaltensbarometer
(Quelle: Stokes / Whiteside, *Tools of the Trade*, S. 48)

nach links, und das gilt auch für uns Menschen: Wenn wir erleben, daß wir uns in einem extrem „negativen" Gefühlszustand befinden, dann gibt es nur einen Weg: den Weg zum *erwünschten* Gemütszustand. (Das gilt auch umgekehrt!)

Der große Unterschied zwischen dem Pendel und uns ist allerdings, daß wir Menschen einen freien Willen haben, daß wir selbst entscheiden können, wie lange wir von diesen „negativen" Gefühlen beseelt werden wollen. Sobald wir das betreffende Gefühl erkennen, können wir uns entschließen, uns in Richtung des erwünschten Gemütszustandes zu bewegen. Phantastisch, nicht wahr?

Nehmen wir ein einfaches Beispiel: Unter dem Oberbegriff *Groll* (rechte Spalte des Barometers) steht das Wort *abgelehnt*. An entsprechender Stelle in der linken Spalte finden Sie das Wort *geschätzt*. Wenn wir uns stark *abgelehnt* fühlen, hegen wir gleichzeitig den größten Wunsch danach, *geschätzt* zu werden, und nur in diese Richtung kann das Pendel schwingen!

Die drei Ebenen

Sehen wir uns das Barometer genauer an. Auf der Mittelachse stehen die drei Wörter BEWUSST, UNTERBEWUSST und KÖRPER. Diesen drei Ebenen des Bewußtseins ist je ein Drittel des Barometers zugeordnet. Der *bewußten* Ebene sind folgende Oberbegriffe zugeordnet:

ANNAHME und WIDERSTAND
BEREITWILLIG und ZORN
INTERESSE und GROLL

Das bedeutet, daß die darunter aufgeführten „negativen" Gefühle und erwünschten Gemütszustände von unserem (wachen) *Bewußtsein*, auf der *bewußten* Ebene wahrgenommen werden. Genauer gesagt: Wir nehmen das, was da geschieht, mit bewußter Aufmerksamkeit wahr, in einer zeitlich und räumlich lokalisierbaren Form, in der Gegenwart, hier und jetzt.

Die nächsten sechs Oberbegriffe
BEGEISTERUNG und FEINDSELIGKEIT

SICHERHEIT und VERLUSTANGST
EBENBÜRTIGKEIT und KUMMER UND SCHULD

sind der Kategorie UNTERBEWUSST zugeordnet, und das bedeutet, daß die damit zusammengefaßten „negativen" Gefühle und erwünschten Gemütszustände auf *unterbewußter* Ebene, von unserem *Unterbewußtsein* wahrgenommen werden. Dieses Unterbewußtsein hat damit zu tun, wie unsere früheren Erfahrungen unsere gegenwärtigen Reaktionen und Verhaltensweisen beeinflussen. Durch das Unterbewußtsein haben wir Zugang zu allen Erfahrungen, die wir im Leben gemacht haben, und das Unterbewußtsein ist in hohem Maße Triebkraft unserer Handlungen und unseres Verhaltens.

Im unteren Teil des Barometers stehen nochmals sechs Oberbegriffe:

EINGESTIMMTSEIN und GLEICHGÜLTIGKEIT
EINSSEIN und TRENNUNG
WAHL und KEINE WAHL

Ihnen ist das Wort KÖRPER zugeordnet, um zu zeigen, daß es hier um die „negativen" Gefühle und erwünschten Gemütszustände geht, die an unser *Körperbewußtsein* geknüpft sind, sozusagen an das *Gedächtnis unserer Körperzellen*. Das Wort KÖRPER steht in diesem Zusammenhang für unser innerstes Sein und Wesen. Es repräsentiert Gedächtnis und Intelligenz unserer Zellen und ist der Ausdruck all dessen, was wir früher erlebt haben.

Die Erklärung dafür, daß die Oberbegriffe WAHL / KEINE WAHL alleine stehen, ist ganz einfach die, daß es dafür keine feineren Abstufungen gibt. Entweder erleben wir, daß wir eine Wahlmöglichkeit haben und gerne mehrere hätten, oder wir haben das Gefühl, *keine Wahl* zu haben.

Entsprechungen zwischen den drei Ebenen

Wie vorher beschrieben, hat jedes Wort der linken Seite seine Entsprechung auf der rechten; in gleicher Weise hat jedes Wortpaar der *einen* Bewußtseinsebene seine Entsprechung auf den *anderen* beiden Ebenen. Je tiefer die Ebene, desto tiefer das Verständnis, das Sie durch diese wegweisenden Stichwörter gewinnen können. Je tiefer die Ebene, desto tiefer geht Ihre Erkundung auch in Ihre Vergangenheit zurück.

Lassen Sie uns noch einmal auf die Gegenüberstellung schauen, die wir weiter oben als Beispiel hatten: *abgelehnt* gegenüber *geschätzt*. Diese Gegenüberstellung steht in der dritten Zeile unter dem dritten Oberbegriffspaar (INTERESSE/GROLL) unserer *bewußten* Ebene.

Jetzt suchen wir weiter unten, im zweiten Drittel des Barometers, nach den Entsprechungen zu dieser Gegenüberstellung. Das heißt, daß Sie in der dritten Zeile unter dem dritten Oberbegriffspaar auf der *Unterbewußtseinsebene* nachschauen sollen. Dort finden Sie *verzweifelt* gegenüber *engagiert*, unter den Oberbegriffen EBENBÜRTIGKEIT und KUMMER UND SCHULD.

Schauen wir noch weiter unten nach, auf der *Körperebene*, so finden wir dort nur die Oberbegriffe WAHL/KEINE WAHL.

Erst wenn Sie alle drei Bewußtseinsebenen betrachtet haben, können Sie den Gesamtzusammenhang eines Gefühls *verstehen*. Das eigentliche Thema einer Problem- oder Konfliktsituation wird erst nach und nach deutlich, indem man alle drei Ebenen einbezieht. Denn dann wissen Sie, was *hinter* einem von GROLL geprägten Verhalten steckt: Der betreffende Mensch möchte gern mehr *geschätzt* werden, fühlt sich aber *abgelehnt*. Das heißt im Unterbewußtsein, daß er oder sie mehr *engagiert* sein möchte, aber *verzweifelt* ist. Das heißt auch, daß die einzelnen Körperteile gerne die Funktion wahrnehmen möchten, für die sie da sind, daß sie die Tendenz zu mehr Gesundheit, zu größerem Gleichgewicht usw. haben, doch erlebt der Mensch, daß er diese *Wahl nicht* treffen kann. Im zellulären Gedächtnis ist eingeprägt, daß es so wie früher festgelegt funktionieren soll, egal ob das heutzutage zweckmäßig ist oder nicht.

Die Wortpaare des Barometers und ihre Anordnung in zwei Spalten und drei Ebenen repräsentieren keine erdachte, abstrakte Typologie, sondern haben sich aus der Praxis, aus Beobachtungen an vielen einzelnen Menschen herauskristallisiert, als gemeinsamer Nenner zahlloser Muskeltests: Wenn Menschen sich *abgelehnt* fühlen, dann haben sie in ihrer Vergangenheit in der Regel dieses und jenes erlebt … Ein aktuelles Gefühl bringt also – so die Erfahrung der Urheber des Baro-meters – etwas in der Vergangenheit Erlebtes wieder zum Schwingen: Da war doch schon einmal etwas zu diesem Thema ... Etwas, das auf der unterbewußten und schließlich auf der körperlichen Ebene „abge-lagert" wurde. (Unterbewußt meint hier: zur Zeit nicht mehr bewußt, aber leicht bewußt zu machen.)

Ein weiteres Beispiel

Sie haben etwas erlebt, das Sie gestreßt hat, und Sie fühlen, daß Sie feststecken. Sie können es nicht vergessen – möchten das aber gern. Die folgende Vorgehensweise habe ich selbst oft mit sehr gutem Re-sultat praktiziert:

- Lesen Sie langsam alle Wörter des Barometers, und zwar zuerst in der *rechten* Spalte, von oben nach unten, beginnend mit dem Ober-begriff WIDERSTAND. Eines dieser vielen Wörter wird Sie sehr wahrscheinlich zu der Reaktion veranlassen: „Ach, dieses Wort be-schreibt genau das Gefühl, das ich jetzt habe!"

Sagen wir zum Beispiel, daß Sie sich *hysterisch* fühlen (unter ZORN). Sie wissen, das ist dieser Zustand, in dem man mit hoher, schriller Stimme schimpft und schreit, Türen zuschlägt oder Schlimmeres an-stellt. Daß Sie sich nun jedoch mit dem Barometer in der Hand hinge-setzt haben bedeutet, daß Sie einen großen Schritt in die Richtung getan haben, in die Sie gerne möchten. Sie haben nämlich erkannt, daß es wichtig ist, die Verantwortung für Veränderungen selbst zu über-nehmen, und wenn Sie „Ihr" Wort gefunden haben, *erkennen* Sie auch, was Sie fühlen.

Indem Sie das Barometer weiter anschauen und zum Begriff *hyste-risch* aus der rechten Spalte die Entsprechung in der linken Spalte her-aussuchen, kann Ihnen auch unerwarteterweise klar werden, was Sie sich wünschen (ohne daß es Ihnen bisher bewußt war). Unter dem Oberbegriff BEREITWILLIG finden dort das Wort *gewahr*. Sie möchten also *gewahr* sein. Um sich selbst noch besser zu verstehen, können Sie zwei weitere Schritte tun:

- Suchen Sie die Entsprechungen von *gewahr* gegenüber *hysterisch* auf den beiden anderen Ebenen, auf der unterbewußten und auf der Körperebene. Auf der unterbewußten Ebene finden Sie *stolz* gegenüber *unerwünscht*, und auf der Körperebene *in Einheit* gegenüber *verlassen*.

Diese drei Gegenüberstellungen bilden eine ganze Geschichte, und sie wird erst dann zu einer vollständigen, geschlossenen, stimmigen, sinnhaften Geschichte, wenn alle drei wahrgenommen werden. Erst dann verstehen Sie, daß das, was sich auf bewußter Ebene als *Zorn* zeigt, eigentlich von *Verlustangst* zeugt, und daß es dabei um ein Gefühl von *Trennung* geht, das sich in unserem Körper manifestiert, auf der Ebene des Gedächtnisses unserer Zellen, in unserem innersten Sein.

Nun, da Sie sowohl Ihre Gefühle als auch Ihre erwünschten Gemützustände auf allen drei Bewußtseinsebenen kennen, kann der nächste Schritt folgen, in Form einer Frage, die Sie sich selbst stellen sollten:

- Was bin ich bereit zu tun, um den erwünschten Gemützustand zu erreichen?

Um bei unserem Beispiel zu bleiben: Was bin ich bereit zu tun,

- um *gewahr* zu sein,
- um *stolz* auf mich zu sein (im Sinne von selbstbewußt),
- um *in Einheit* zu sein?

Das gesamte Vorgehen besteht also darin (und das gilt auch für alle anderen Stellen im Barometer):

1. Ihr Gefühl zu erkennen: „Ich fühle …"
2. den erwünschten Gemützustand zu erkennen: „Ich wünsche …", um dann zum Schluß
3. die bewußte Wahl zu treffen, die da heißt: „Ich bin bereit, …" (um das Erwünschte zu erreichen).

Ich bin fest davon überzeugt, daß Sie, wenn Sie das Barometer ein paarmal auf diese Weise angewandt haben, so sehr mit ihm vertraut sein werden, daß Sie es jedesmal oder fast jedesmal anwenden werden, wenn Sie das eine oder andere negative Gefühl erleben oder den Wunsch haben, daß es Ihnen besser geht, und daß Ihr Wunsch in bezug auf Ihren Gemützustand erfüllt wird.

Denken Sie daran: Sie selbst haben dieses Gefühl gewählt! Vielleicht waren Sie damals ohne Alternative; jedenfalls geschah es unbewußt, Sie waren ja noch ein Kind. Jedenfalls haben Sie eine Wahl getroffen; vielleicht können Sie es so besser nachvollziehen: Sie haben ein *Verhalten* gewählt; Sie haben auf eine Herausforderung spontan so reagiert wie jemand, der *verlassen* ist, und so hat sich das Gefühl des Verlassenseins eingestellt. Kein anderer als Sie hat diese Wahl getroffen, kein anderer ist „schuld" daran. Daher sind Sie der einzige Mensch, der Ihnen dazu verhelfen kann, bewußt die Wahl zu treffen, die Ihnen genau das gibt, was Sie mehr zu haben oder mehr zu sein wünschen.

Das Barometer in einer Gruppe anwenden

Nehmen wir an, Sie sind zusammen mit einem Menschen, Erwachsener oder Kind, der ein Gefühl von Groll hat. Dieser Groll drückt sich vielleicht durch die Körpersprache am stärksten aus, denn der Betroffene spricht nicht sehr viel. Er fühlt sich *sprachlos* oder *verstummt*. Machen Sie es nun genau wie vorhin: Sie schauen auf die linke Seite des Barometers und finden das, was der Betroffene sich wünscht, nämlich: *wesentlich* zu sein (gegenüber *sprachlos / verstummt*). Das heißt, er wünscht sich, als das angesehen zu werden, was er wirklich ist; er wünscht sich, daß er sich selbst als eine *wesentliche* Person betrachten kann. Auf *unterbewußter* Ebene finden Sie, daß er den unerfüllten Wunsch hegt, *aufrichtig* zu sein, und die Oberbegriffe dazu lauten: EBENBÜRTIGKEIT / KUMMER UND SCHULD.

Und was ist auf der Körperebene? Ja, Sie haben es bereits gesehen und verstanden: Ihr Mitmensch hat das Gefühl, daß er keine Wahl habe, und wünscht sich, eine Wahl zu haben.

Und dann steht wieder die Frage an: „Was sind Sie bereit zu tun, das heißt, was werden Sie wählen zu tun, um den erwünschten Gemütszustand zu erreichen? Was werden Sie entscheiden zu tun, um sich selbst als eine Person zu fühlen, die *wesentlich* ist, und damit andere Sie auch als solch eine Person betrachten?"

Kann man sich insgesamt so sehr verändern, daß man es tatsächlich schafft, diese positive WAHL zu treffen? Die Antwort lautet: „Ja." Voraussetzung ist, daß der negative emotionale Streß, der mit der aktuellen Situation gekoppelt ist, beseitigt wird. Im folgenden können Sie lesen, wie Sie das erreichen.

Die kinesiologische Balance

Ganz gleich, ob es sich nun um Sie oder um einen anderen Menschen handelt, wäre es auf alle Fälle gut, während des nachfolgend beschriebenen Prozesses mit einer Hand die Stirn und mit der anderen den Hinterkopf zu halten.

Wie Sie bereits weiter vorne gelesen haben, können Sie sich dabei helfen, den Streß aus Ihrem Körper zu schaffen, indem Sie ihn in Ihrer Vorstellung dort herausholen, wo er sich befindet. Finden Sie alle Bereiche, wo sich die Tatsache, daß Sie sich *sprachlos* und *verstummt* fühlen, in einer Art Unruhe ausdrückt, in einer Spannung oder ähnlichem, und schicken Sie dann das Ganze in einem warmen Strom entlang der Wirbelsäule hinunter zum Steißbein und von dort aus in die Erde, wie durch ein Abflußrohr.

Nehmen Sie sich genug Zeit dafür, und sorgen Sie dafür, daß Sie alles gründlich entfernen. Tiefes, ruhiges Ein- und Ausatmen ist dabei eine große Hilfe. Die Hand auf der Stirn wird Ihnen dabei helfen, klar über die Situation nachzudenken, welche die Ursache dafür war, daß Sie sich *sprachlos* oder *verstummt* gefühlt haben. Die Hand am Hinterkopf, die den Bereich abdeckt, wo unser *Primäres visuelles Zentrum* sitzt, wird Ihnen helfen, die Spannungen im Körper zu „sehen" und den Strom von Streß zu „sehen", der den Körper verläßt. Beide Hände, die auch die Mittellinie des Schädels „umfassen", tragen dazu bei, daß die Energie beider Gehirnhälften vereinigt wird, daß die Integration der Funktionen beider Hemisphären gefördert wird.

Wenn Ihr Streß weg ist, dann ist viel Platz in Ihrem Körper. Dann ist es gut, diesen Platz mit guter und ruhiger, frei strömender Energie

162

zu füllen, während Sie Ihre ruhige Atmung beibehalten. Denken Sie daran, daß Sie *wesentlich* sind, denken Sie daran, wie es sich *anfühlt* und wie es sich nach außen hin *zeigt*. Versuchen Sie zu erraten, was man fühlt, wenn man Sie so anschaut, wie Sie sind, und wenn Sie sich *selbst* ausdrücken. Lassen Sie zu, daß dieser schöne Gemütszustand Sie ganz ausfüllt, und lassen Sie ihn in Ihrem Körper herumkreisen, Leben und Nahrung geben, Sie ganz machen. Wenn alle Zellen im Körper, auch die Gehirnzellen, mit diesem schönen Gefühl gefüllt sind, wenn Sie diesen Gemütszustand in Ihrem ganzen Körper spüren, so können Sie während einer tiefen Einatmung die Hände von Stirn und Hinterkopf nehmen und dann genauso ruhig wieder ausatmen.

Wenn Sie mit einem anderen Menschen arbeiten, gehen Sie genauso vor, und denken Sie immer daran, daß Ihre Berührung an Stirn und Hinterkopf sehr leicht sein soll.

Eine weitere Balancetechnik

Eine andere Art, sich von Streß zu befreien, ist im Kapitel 14 beschrieben. Wenn Sie dieses Verfahren anwenden, das darin besteht, daß Sie *sehen, hören, spüren, fühlen* und auf andere Art alles *wahrnehmen,* was in der Situation wahrzunehmen ist, in der Sie das „negative" Gefühl erlebt haben, dann enden Sie damit, daß Sie *wählen,* was Sie tun wollen, um Ihren *erwünschten Gemütszustand* zu erreichen. Beim Beispiel mit *sprachlos / verstummt* hieße das etwa, daß man wählt, *aufrichtig* zu sein. Wie im Kapitel 14 beschrieben, ist es wichtig, daß Sie oder die Person, die Sie unterstützen, damit abschließt, *verbal* auszudrücken, welche *Wahl* getroffen wurde. Erzählen Sie auch, wie es sich im Körper anfühlt, die Wahl getroffen zu haben. Auch hier können Sie das Gefühl des *Aufrichtig*seins im ganzen Körper kreisen lassen, das Gefühl, eine *Wahl* getroffen zu haben.

Wenn Sie alleine arbeiten, wäre es gut, Ihren Entschluß, Ihre Wahl zu Papier zu bringen, so daß Sie später nachlesen können, wofür Sie sich entschieden haben und wie es sich anfühlte, diese Entscheidung getroffen zu haben. Sie können es auch zeichnen, wenn Ihnen das natürlicher vorkommt: eine Zeichnung, die das „Davor" und das „Danach" zeigt oder vielleicht nur etwas über das „Jetzt".

Es ist wichtig, daß Sie Ihre Wahrnehmungen ausdrücken, denn das macht die *Entscheidung,* die in der Vorstellung getroffen wurde, mehr verpflichtend, und es hilft dem Gehirn, sich zu *erinnern.* Wenn Sie zeichnen, halten Sie den *ganzen Eindruck* damit fest, und Sie haben dabei Verbindung zu Ihrer analogen (meist linken) Gehirnhälfte. Wenn Sie es mit Worte ausdrücken, so ist unter anderem Ihre ganze digitale (meist rechte) Gehirnhälfte in Funktion, damit auch Ihr *Vorderhirn,* und dieses ist, wie Sie wissen, der Ort für *bewußtes, assoziierendes Denken.* Haben Sie es einmal aktiviert, so werden Sie auch dann in Kontakt mit ihm treten, wenn Sie den Streßverursacher wieder treffen, der Sie früher zum Verzweifeln gebracht hat. Dann *wissen* Sie, was Sie in der Situation *fühlen,* und Sie können viel leichter Ihre Reaktionsweise, Ihre Handlung, unter den vielen Möglichkeiten, die Sie sehen, *auswählen.* Oder Sie können wenigstens *entscheiden,* sich angemessen zur Situation zu *verhalten.*

Ist die digitale (linke) Gehirnhälfte frei von Blockaden, so kann man in der Gegenwart sein, in der eigenen Hier-und-jetzt-Zeit, und man kann alle Ressourcen nutzen, die uns die analoge (rechte), ganzheitlich denkende, intuitive Gehirnhälfte zur Verfügung stellt.

Oft habe ich gehört, daß Menschen sagten: „Es war eine große Hilfe für mich, das Barometer benutzen zu können." Einmal sagte jemand zu mir: „Als vor kurzem mein Kollege einmal vor *Zorn* ‚rauchte', konnte mir das Barometer erzählen, daß sich dahinter ein Gefühl von *Enttäuschung* und *Verlustangst* verbarg. Ich begann gleichzeitig zu verstehen, daß es sich dabei um ein Gefühl der *Trennung,* ein Gefühl, *ohne Liebe* zu sein, drehte – zuwenig Liebe geben und bekommen. Dieses Verständnis meinerseits machte, daß ich diesmal keinen Abstand vom Betroffenen genommen habe, was ja sein Gefühl von Trennung und Mangel an Liebe nur noch verstärkt hätte. Statt dessen konnte ich eine Situation schaffen, die ihm die Möglichkeit offen ließ, *Einssein* und *Frieden* zu wählen, seine *Sicherheit* zu stärken, *beherzt* zu sein und seinen Wunsch danach erfüllt zu bekommen, *Bereitwilligkeit* zeigen und *verantwortlich* sein zu können. Alles durch die bewußte Wahl seiner Handlungsweise. Das war ein spannendes Erlebnis."

Soweit mein Bekannter. Und für mich war es auch spannend, ihn vom gemeinsamen Erfolg zweier Menschen erzählen zu hören.

Nach diesen Beispielen und Beschreibungen hoffe ich, daß Sie diese Übung als Werkzeug schätzen gelernt haben, das Sie alleine oder zusammen mit anderen einsetzen können. Denken Sie dabei immer daran: Sie können *sich selbst* sagen, was gut für *Sie* wäre zu tun, aber Sie können nicht anderen Menschen erzählen, was gut für *sie* wäre. Jeder Mensch kennt *selbst* die Lösung seiner Probleme, jeder Mensch trägt die Lösung in sich in Form von innerem Wissen. Sie und ich sollten davon ablassen, *gute Ratschläge* zu geben, wir sollten davon absehen, mit gutgemeinten Ideen zu kommen, was andere tun sollten, um ihre Probleme zu erkennen und zu lösen. *Unsere* Lösungsvorschläge werden bestenfalls *uns selbst* helfen; sie passen nur zu uns, nicht zu anderen.

Daher: Wenn Sie helfen und das Auflösen emotionalen Stresses unterstützen wollen, dann wenden Sie das *aktive Zuhören* an, das ist *effektiv*. Hören Sie ohne Vorurteile zu, zeigen Sie echtes Interesse, seien Sie einfühlsam und vertrauen Sie sich selbst als Mitmensch.

Nachwort

Ich fühle, daß ich jetzt mit diesem Buch zu Ende gekommen bin. Es war nicht leicht, im Gegenteil, aber jetzt ist es schön, es geschrieben zu haben. Es ist auch schön, mich nicht mehr *frustriert* zu fühlen (wie ich mich fühlte, solange es nicht geschrieben war); es ist schön, von etwas wegzukommen, das fast zu einem Gefühl von *Gleichgültigkeit* wurde (... es ist doch *gleichgültig*, ob das Buch früher oder später geschrieben wird ...), von dem Gefühl wegzukommen, manchmal wie *betäubt* zu sein (weil es zu sehr weh tat zu fühlen), weg davon, mich *belastet* zu fühlen. Es ist so schön, die *Wahl* getroffen zu haben, *eingestimmt* und *schöpferisch* zu sein, in der Hoffnung, daß mein Buch, meine Arbeit *anziehend* wirken und daß sie *annehmbar* werden. (Sie können alle *kursiv geschriebenen* Wörter auf dem Barometer wiederfinden.)

Der Übergang von „ich fühle" über „ich möchte" bis zu „ich bin bereit, ..." hat mir Frieden und Ruhe in meinem Körper, in meinem Sinn und in meinem tiefsten Inneren gebracht.

Ich wünsche Ihnen, die Sie mir durch dieses Buch gefolgt sind und sich vielleicht auch entschieden haben, einige der beschriebenen Übungen zu machen, daß Sie das gleiche Erlebnis haben, nämlich eine *Wahl* getroffen zu haben, die Ihnen guttut. Eine Wahl, die Sie dazu bringt, *Einssein* zu fühlen und *Eingestimmtsein*, *Ebenbürtigkeit* und große *Sicherheit*, beseelt von *Begeisterung*, voller *Interesse* Ihre *Bereitwilligkeit* und *Annahme* zeigend, um immer wieder die *Wahl* zu treffen, die auf diesem vertrauten Hintergrund des erwünschten (und erreichten) Gemütszustandes basiert und die zu Ihrem Besten und damit zum Besten aller um Sie herum ist.

Ich hoffe auch, daß Sie gespürt haben, daß der Zweck dieses Buches das Bewahren von Gesundheit und Einssein ist und daß es uns das Wichtigste lehren soll, nämlich, daß wir die Verantwortung für uns selbst tragen und die Wahl treffen sollen, die uns zum Wachsen und

Gedeihen bringt und unsere Entfaltung fördert. Mit diesem Wissen und mit Liebe können wir auch dazu beitragen, daß andere Menschen Hilfe zum Wachsen und Gedeihen bekommen – wenn sie es wünschen und dazu bereit sind. Geschieht das in genügendem Ausmaß, dann wird uns plötzlich bewußt, daß wir die menschliche Stufe erreicht haben, in der *alle* wachsen und gedeihen, alle, ohne Ausnahme.

Es ist nur eine Frage der Energie, einer Energie, die sich wie Ringe im Wasser ausbreitet und die so andere Menschen erreicht, andere Ringe im selben Wasser.

Der Zweck dieses Buches ist, einen Beitrag zu leisten, damit die Energie frei fließen kann, so daß sie uns jederzeit zur Verfügung steht, damit wir in unserer Arbeit die Ziele erreichen, die wir uns setzen.

Danke für Ihr aktives Zuhören und für Ihren Beitrag und Ihre Hilfe, dieses Ziel zu fördern.

Anhang

Übungsübersicht

Hier bekommen Sie eine kurzgefaßte Übersicht aller Übungen. Diese Übersicht ist als Unterstützung für Sie gedacht, damit Sie in Ihrer Arbeit leichter umsetzen können, was Sie gelesen und wahrscheinlich zwischendurch ausprobiert haben; eine Unterstützung auch für die praktische Anwendung in Ihrem Alltag.

1. Streß vermeiden oder auflösen: Die Stirn und den Hinterkopf halten (Seite 27)

Halten Sie ganz leicht Ihre Stirnpunkte und den Hinterkopf, während Sie tief und ruhig atmen. (Mit „Blitzableiter")

2. Stilles Lesen erleichtern: Die Gehirnpunkte massieren (Seite 36)

Massieren Sie die Gehirnpunkte und halten Sie gleichzeitig die Nabelgegend, während Sie *still* für sich lesen. Wechseln Sie die Hände nach etwa einer halben Minute. Wiederholen Sie die Übung in regelmäßigen Abständen, während Sie lesen.

3. Das Nach-unten-Schauen beim Lesen erleichtern: Die Augenpunkte massieren (S. 39)

Massieren Sie Ihre Augenpunkte am Hinterkopf, während Sie nach unten schauen, *oder* massieren Sie die *Gehirnpunkte* und halten Sie gleichzeitig die Nabelgegend. (Im zweiten Fall wechseln Sie nach einer halben Minute die Hände.)

4. Die Augen streßfrei von einer Seite zur anderen bewegen: Augenpunkte, Gehirnpunkte oder Liegende Acht (S. 41 ff.)

Massieren Sie die *Augenpunkte* am Hinterkopf, während Sie Ihren Blick ruhig von einer Seite zur anderen bewegen, oder massieren Sie die *Gehirnpunkte* und halten Sie Ihre Nabelgegend, während Sie die Augen von einer Seite zur anderen bewegen. Wechseln Sie nach etwa einer Minute die Hände. Dritte Möglichkeit: Die *Liegende Acht.* Sie wird so ausgeführt, daß der ganze Körper einbezogen ist. Strecken Sie Ihre Arme nach vorne und schauen Sie auf Ihre Hände, während Sie Liegende Achten vor sich in die Luft zeichnen.

5. Beim lauten Lesen Streß vermeiden: Die Gehirnpunkte massieren, dazu laut buchstabieren (Seite 49)

Massieren Sie die Gehirnpunkte mit der einen Hand und halten Sie den Nabel mit der anderen, während Sie das Alphabet (oder etwas anderes) *laut* aufsagen und die Augen im Kreise drehen – erst im Uhrzeigersinn, dann umgekehrt. Kommen Sie nach jeder Umdrehung mit den Augen wieder zur Mitte, wechseln Sie die Hände und wiederholen Sie die Übung.

6. Gelesenes besser verstehen und streßfrei wiedergeben: Die Cook-Übung (S. 57)

- Wenn Sie Rechtshänder sind, fangen Sie damit an, daß Sie das linke Bein auf das rechte Knie legen und mit der rechten Hand das linke Fußgelenk halten. Mit der linken Hand umfassen Sie den vorderen Teil des linken Fußes. (Wenn Sie Linkshänder sind, machen Sie es umgekehrt.)

  Schließen Sie Ihre Augen und bleiben Sie etwa eine Minute so sitzen, während Sie ruhig atmen: Bei jedem Einatmen drücken Sie die Zunge gegen den Gaumen, hinter den Vorderzähnen, und bei jedem Ausatmen lassen Sie die Zunge wieder sinken.

- Stellen Sie anschließend beide Füße auf den Boden und legen Sie Ihre Fingerspitzen gegeneinander (etwa in Höhe des Herzens). Bleiben Sie noch eine Minute so sitzen und atmen Sie so weiter, wie oben beschrieben. Diese Übung gibt dem ganzen Körper Ruhe.

7. Streßfrei in alle Richtungen schauen: Der Augenstern (S. 63)

Massieren Sie die *Augenpunkte* am Hinterkopf (oder halten Sie die Nabelgegend und massieren Sie die *Gehirnpunkte*), während Sie ...

- nach vorne schauen
- nach oben schauen
- nach unten schauen
- nach links schauen
- nach rechts schauen
- schräg nach oben links schauen
- schräg nach unten rechts schauen
- schräg nach oben rechts schauen
- schräg nach unten links schauen.

Schließen Sie damit, daß Sie geradeaus schauen.

Um generell die Funktionen von Augen und Hand ohne Streß koordinieren: Machen Sie die gleiche Übung, aber schauen Sie diesmal Ihrer Hand nach: Während Sie mit der einen Hand die *Augenpunkte* am Hinterkopf massieren, schauen Sie Ihrer anderen Hand nach (der Hand, mit der Sie schreiben), die Sie nacheinander in die verschiedenen oben genannten Positionen bringen. Wiederholen Sie dies mit der anderen Hand.

8. Streßfrei von Nah- zu Fernsicht wechseln (und umgekehrt): Nah-fern-Schwünge (S. 70)

Massieren Sie Ihre *Augenpunkte* am Hinterkopf (*oder* massieren Sie die *Gehirnpunkte* und halten Sie die Nabelgegend), während Sie Ihren Blick wandern lassen von etwas, das sich in Leseabstand befindet, hin

170

zu etwas, das sich im gleichen Raum weiter weg befindet. Lassen Sie die Augen in der jeweiligen Position verweilen, bis Sie den Gegenstand scharf und deutlich sehen.

9. Zentriertsein und Konzentration fördern: Die Zentrier-, Gehirn- und Konzentrationspunkte massieren (S. 78)

- *Zentrierpunkte:* Massieren Sie mit dem Zeigefinger einer Hand einen Punkt über der Oberlippe und mit dem Mittelfinger einen Punkt unter der Unterlippe, während Sie mit der anderen Hand die Nabelgegend halten. Wechseln Sie die Hände nach etwa einer halben Minute.
- Massieren Sie die *Gehirnpunkte* mit Daumen, Zeige- und Mittelfinger der einen Hand, während Sie mit der anderen die Nabelgegend halten. Wechseln Sie die Hände nach einer halben Minute.
- *Konzentrationspunkte:* Massieren Sie mit einer Hand das Steißbein, während Sie mit der anderen die Nabelgegend halten. Nach etwa einer halben Minute wechseln Sie die Hände.

10. Gehörtes leichter begreifen: Die Denkmütze (S. 87)

Massieren Sie Ihre Ohren von unten nach oben und umgekehrt. Kneten, massieren, ziehen Sie fest und gründlich eine halbe bis eine Minute lang.

11. Buchstaben und Zahlen streßfrei lernen und handhaben: Die Buchstabenübung (S. 93)

Schreiben Sie die problematischen Buchstaben oder Zahlen in die Luft. Erst mit der einen Hand, dann mit der anderen, während Sie die jeweilige Hand mit Ihrem Blick verfolgen. Legen Sie danach die Hände zusammen, so daß sie ein Guckloch bilden, und schauen Sie durch dieses Loch, während Sie den Buchstaben oder die Zahl immer größer und größer in die Luft schreiben.

Setzen Sie dabei Ihren ganzen Körper ein. Verkleinern Sie dann allmählich den Buchstaben oder die Zahl, und schließen Sie damit, daß Sie ihn/sie erst mit offenen und dann mit geschlossenen Augen auf ein Blatt Papier schreiben.

12. Verspannungen an der Rückseite des Körpers auflösen: Sehnenzupfen und Schulterkreisen (S. 100)

- Sitzen Sie auf dem Fußboden oder auf einem Stuhl. Zupfen Sie zehn bis fünfzehn Mal mit festem Griff an der Achillessehne, knapp über der Ferse. Zupfen Sie weiter aufwärts bis zur Kniekehle. Ziehen Sie dort (mit beiden Händen) mit festem Griff an den Sehnen in der Kniekehle, etwa zehn Mal, und setzen Sie dann die gründliche Massage, das Zupfen, entlang der Rückseite des Oberschenkels fort. Wiederholen Sie die Übung drei- oder viermal und tun Sie das gleiche mit dem anderen Bein.

- Schließen Sie damit, daß Sie eine Hand auf die gegenüberliegende Schulter legen und mit der Schulter etwa eine halbe Minute lang kleine Kreise machen. Wiederholen Sie dies mit der anderen Schulter.

13. Das Energiefeld des Körpers intakt halten: Die Harmonisierungsübung (S. 111)

Halten Sie Ihre *Stirnpunkte* mit der einen Hand und legen Sie die andere auf die Nabelgegend. Bleiben Sie eine oder zwei Minuten so sitzen, oder so lange, wie Sie es für notwendig halten. Atmen Sie tief und ruhig, während Sie sich von einem Energiefeld umgeben sehen, das für alles Positive durchlässig ist und alles Negative abweist.

14. Das Zusammenarbeiten beider Gehirnhälften fördern: Die Überkreuzbewegung (S. 119)

Machen Sie Überkreuzbewegungen in verschiedenen Varianten: Abwechselnd mit der rechten Hand das linke Knie berühren und mit der linken Hand das rechte Knie; oder abwechselnd mit dem rechten Ellenbogen das linke Knie und mit dem linken Ellenbogen das rechte Knie berühren; oder abwechselnd mit der rechten Hand den linken Fuß und mit der linken Hand den rechten Fuß ...; oder abwechselnd mit nach vorne gerichtetem rechtem Arm auf dem linken Bein oder mit ausgestrecktem linkem Arm auf dem rechten Bein nach vorn hüpfen.

Sie können sich selbst weitere Varianten der Überkreuzbewegung ausdenken. Machen Sie sie nur, wenn Sie sich dabei wohl fühlen. Wenn Sie sich nicht gut fühlen, kann es sein, daß Sie eine kinesiologische Balance brauchen.

15. Entspannung und Durchblutung der Muskeln der Körperrückseite verbessern: Reflexzonenmassage und Fußrollen (S. 125 ff.)

Reflexzonenmassage: Stehen Sie mit leicht gegrätschten Beinen. Massieren Sie fest und gründlich ...

- die Innenseiten Ihrer Oberschenkel
- die Außenseiten Ihrer Oberschenkel
- die Lendenpartie, rechts und links der Wirbelsäule
- den unteren (vorderen) Teil des Brustkorbs
  (Wenn Sie sich vor und nach der Übung nach vorn und nach unten beugen, werden Sie den Unterschied spüren.)

Fußrollen: Stellen Sie sich hin und verlagern Sie Ihr Gewicht auf *ein* Bein; rollen Sie mit Ihrem anderen (nackten) Fuß einen Tennisball oder einen anderen festen, kleinen Ball so hin und her, daß Sie die gesamte Fußsohle gründlich durchmassieren. Auch hier werden Sie den Unterschied merken, wenn Sie sich hinterher nach vorn und nach unten beugen.

16. Alte Streßreaktionsmuster außer Kraft setzen: Stirn-Hinterkopf-Halten mit Verhaltensänderung (S. 134)

Halten Sie Ihre Stirnpunkte und den Hinterkopf, oder bitten Sie jemand anders, es für Sie zu tun. Rufen Sie sich eine Streßsituation in die Erinnerung zurück, indem Sie alle Ihre Sinneseindrücke aus dieser Situation wieder aktivieren. (Bitte beachten Sie: Es geht nicht darum, die Situation wieder zu *erleben*, sondern sie vor sich zu sehen!)

Wenn Sie die Situation in Ihrer Vorstellung vor sich haben, treffen Sie eine Wahl, die bewirkt, daß Sie die Situation als positiv erleben. Spüren Sie, wie sich das in Ihrem Körper anfühlt, und lassen Sie das positive Erlebnis durch sich hindurchfließen und Sie ganz ausfüllen.

*

Anmerkung: Die *Gehirnpunkte*, die *Liegende Acht*, die *Denkmütze* und die *Überkreuzbewegung* sind auch Bestandteile des von Paul E. Dennison entwickelten *Brain-Gym*®-Programms.

*

Zu den Themen *Körperhaltung*, *Atmung*, *Bewegung*, *Ernährung* und *Denken* lesen Sie einfach das Kapitel 15 dieses Buches nochmals durch und überlegen, wie Sie die dort gegebenen Hinweise für sich umsetzen möchten.

Abschließend bleibt mir nur noch, Sie daran zu erinnern, daß Sie mit dem *Verhaltensbarometer* eine gute Hilfe haben, um Ihre eigenen Reaktionen besser zu verstehen und um eine neue Wahl treffen zu können, die bewirkt, daß es Ihnen immer besser und besser geht und daß Sie immer mehr und mehr Energie bekommen; daran werden nicht nur Sie, sondern auch andere Menschen ihre Freude haben.

Literaturverzeichnis

1. Gordon Stokes, Daniel Whiteside: *One Brain. Leichter lernen durch Gehirnintegration*, Freiburg: VAK, 5. Auflage (überarbeitet und neu illustriert) 1997
2. Gordon Stokes, Daniel Whiteside: *Advanced One Brain*, Burbank/CA: Three In One Concepts, o.J.
3. Paul E. Dennison: *Befreite Bahnen*, Freiburg: VAK, 11. Auflage 1996
4. Paul E. Dennison, Gail E. Dennison: *EK für Kinder. Das Handbuch der Edu-Kinestetik für Eltern, Lehrer und Kinder jeden Alters*, Freiburg: VAK, 12. Auflage (überarb.) 1996
5. Annemarie Goldschmidt: *Pædagogisk Kinesiologi Anvendt I Specialundervisningen*, Gentofte: Dansk Pædagogisk Kinesiologiskole, 1985
6. Vibeke Rasmussen: *Kinesiologi. Cross Crawl*, Verlag: Strube, 1986
7. John F. Thie: *Gesund durch Berühren – Touch for Health*, München: Hugendubel (Irisiana), 1995
8. Edel Hougård, Jarle Tamsen: *Kinesiologi*, Verlag: Kinese, 1993
9. Søren Ballegaard: *Nålen, der læger*, Verlag: Gyldendal, 1989
10. Steen Larsen, Paul Parlenvi: *Børns liv og læsning*, Verlag: Gyldendal, 1984
11. Harry Benjamin Bates: *Se bedre uden briller*, Verlag: Borgen, 1990
12. Svend Hesselholdt, Annemarie Goldschmidt: *Pædagogisk Kinesiologi og overvindelse af (læse-) vanskeligheder*, Gentofte: Dansk Pædagogisk Kinesiologiskole, 1989
13. Britta Holle: *Motorisk perceptuel udvikling*, Verlag: Munksgaard
14. Britta Holle: *Lege idræt parat*, Verlag: Munksgaard
15. Britta Holle: *Læse skrive parat*, Verlag: Munksgaard
16. Anne Grethe Dahms, Ulla Jæger: *Sprog og motorik*, Verlag: Borgen, 1990
17. Annemarie Goldschmidt: *Motorisk test for skolebegyndere*, Gentofte: Dansk Pædagogisk Kinesiologiskole

Literaturempfehlungen zur Vertiefung:

Batmanghelidj, F.: *Wasser – die gesunde Lösung. Ein Umlernbuch,* Freiburg: VAK, 4. Auflage 1997

Buchner, Christina: *Brain-Gym® & Co. – kinderleicht ans Kind gebracht,* Freiburg: VAK, 1997

Callahan, Roger J.: *Leben ohne Phobie. Wie Sie in wenigen Minuten angstfrei werden,* Freiburg: VAK, 5. Auflage 1996

Dennison, Paul E. u. Gail E.: *Brain-Gym®,* Freiburg: VAK, 8. Auflage 1996

Dennison, Paul E./Dennison, Gail E./Teplitz, Jerry V.: *Brain-Gym® fürs Büro* (Preiswerte Sonderausgabe), Freiburg: VAK, 1997

Brain-Gym® mit Maxi: Das Kartenspiel, Freiburg: VAK, 1997

Diamond, John: *Der Körper lügt nicht,* Freiburg: VAK, 12. Auflage 1995

Goodrich, Janet: *Natürlich besser sehen,* Freiburg: VAK, 6. Auflage 1995

Haberda, Brigitte: *Advantage: TEMKIN. Tennis mit Kinesiologie,* Freiburg: VAK, 1996

Hannaford, Carla: *Bewegung – das Tor zum Lernen,* Freiburg: VAK, 2., verb. Auflage 1997

Krebs, Charles T./Brown, Jenny: *Lernsprünge. Eine bahnbrechende Methode zur Integration des Gehirns,* Freiburg: VAK, 1997

Meyenburg, Claudia (Hrsg.): *Achter, X und über Kreuz. Edu-Kinestetik in Theorie und Praxis,* Freiburg: VAK, 1996

O'Connor, Joseph/Seymour, John: *Neurolinguistisches Programmieren: Gelungene Kommunikation und persönliche Entfaltung,* Freiburg: VAK, 6. Auflage 1996

Scott, Jimmy/Goss, Kathleen: *Allergie und der Weg, sich in wenigen Minuten davon zu befreien,* Freiburg: VAK, 5. Auflage 1996

Tourelle, Maggie la/Courtenay, Anthea: *Was ist Angewandte Kinesiologie?,* Freiburg: VAK, 4. Auflage 1996

Adressen …

… von ausgebildeten Kinesiologen (mit Zertifikat), die Beratungs- und Testsitzungen anbieten und in Ihrer Region praktizieren, erhalten Sie (gegen adressierten und frankierten DIN-A5-Rückumschlag) bei: DGAK Deutsche Gesellschaft für Angewandte Kinesiologie e.V., Dietenbachstraße 22, D-79199 Kirchzarten, Tel. 07661–980756, Fax 07661–1241

Informationen über Kurse in Angewandter Kinesiologie erhalten Sie (ebenfalls gegen adressierten und frankierten DIN-A5-Rückumschlag) beim IAK Institut für Angewandte Kinesiologie GmbH, Freiburg (siehe Anzeige).

Über die Autorin

Annemarie Goldschmidt (geb. 1935) ist Krankenschwester und Bewegungstherapeutin und arbeitet heute als Kinesiologin in Dänemark. 1984 entwickelte sie aus dem *One-Brain*-System der Amerikaner Gordon Stokes und Daniel Whiteside und aus Paul Dennisons Edu-Kinestetik eine eigene Methodik, die *Pädagogische Kinesiologie / One Brain,* mit der sie seitdem vielen Kindern und Erwachsenen, einzeln und in Gruppen, das Lernen erleichterte. Sie war unter anderem bei der pädagogisch-psychologischen Beratungsstelle der Stadt Gentofte (Dänemark) tätig. Inzwischen hat sie ein eigenes Fachinstitut gegründet, die Dänische Schule für Pädagogische Kinesiologie, und gibt ihre reichen Erfahrungen in Fortbildungskursen weiter (auch beim IAK Freiburg).

Maggie la Tourelle, Anthea Courtenay:

Was ist Angewandte Kinesiologie?

Was kann die Angewandte Kinesiologie bewirken? Wann kann sie eingesetzt werden? Wie funktioniert das Muskeltesten? Wie werden Energieblockaden korrigiert?

Dieser einführende Überblick wendet sich an alle, die sich für ganzheitliche Problembearbeitung und natürliche Heilverfahren interessieren – ob nun für berufliche Zwecke oder zur Pflege der eigenen Gesundheit. Die Autorinnen informieren über die vielfältigen Anwendungsgebiete und Richtungen der Angewandten Kinesiologie, erläutern deren Grundgedanken und Hintergründe und schildern Selbsthilfetechniken und Fallbeispiele.

188 Seiten, Paperback (12 x 18 cm),
ISBN 3-924077-44-4

D. Beigel, W. Steinbauer, K. Zinke:

Das bewegte Klassenzimmer

Ein Projekt zeigt Wirkung:
Ergebnisse und Anregungen für die Praxis

Was lässt sich in der Schule „bewegen" mit einem anderen Unterricht, der gehirnfreundliches, „bewegtes" Lernen fördert? Welchen Beitrag können die Brain-Gym®-Übungen der Edu-Kinestetik dazu leisten? Welche neuen Wege der Lernförderung kann die Schulverwaltung einschlagen, um der zunehmenden Zahl von Schülern mit Entwicklungsstörungen durch bewegungsorientierte Förderangebote zu helfen? Antworten auf diese Fragen suchte das Schulprojekt „Leichter lernen durch Bewegung". Ein Buch für Grund- und Sonderschullehrer, für Pädagogen im Bereich der Lernförderung und für interessierte Eltern.

176 Seiten, 40 Abbildungen, Paperback (15 x 21,5 cm)
ISBN 3-935767-03-X

Karin Pagel:

Jede(r) lernt anders

Wie Sie Ihr Kind besser verstehen und unterstützen

Bei Schülern mit Lernproblemen übernehmen Eltern oft die Rolle von Hilfslehrern, ohne dafür ausgebildet zu sein. Hier hilft dieses Buch. Im ersten Teil gibt es eine leicht verständliche Zusammenfassung von Hintergrundwissen über Grundlagen des Lernens. Im zweiten Teil bietet es detaillierte Anleitungen für erfolgreiches Rechtschreiben und Rechnen.

Ein praxisorientierter Leitfaden mit vielen Beispielen und Ideen zum Lernen mit allen Sinnen!

126 Seiten, zahlreiche Abb., Paperback (18 x 24,5 cm)
ISBN 3-932098-77-3

www.vakverlag.de • www.vakverlag.de • www.vakverlag.de